FORTALECE TU CAMINAR CON CRISTO

FORTALECE TU CAMINAR CON CRISTO

12 DISCIPLINAS ESPIRITUALES PARA HOMBRES

PATRICK MORLEY

EDITORIAL
PORTAVOZ

La misión de *Editorial Portavoz* consiste en proporcionar productos de calidad —con integridad y excelencia—, desde una perspectiva bíblica y confiable, que animen a las personas a conocer y servir a Jesucristo.

Título del original: *A Man's Guide to the Spiritual Disciplines* © 2007 por Patrick Morley y publicado por Moody Publishers, 820 N. LaSalle Boulevard, Chicago, IL 60610. Traducido con permiso.

Traducción: George Peter Grayling Milian

EDITORIAL PORTAVOZ
2450 Oak Industrial Dr. NE
Grand Rapids, Michigan 49505 USA

Visítenos en: www.portavoz.com

ISBN 978-0-8254-5915-3

1 2 3 4 5 / 25 24 23 22 21 20 19

Impreso en los Estados Unidos de América
Printed in the United States of America

A Jim Seibert,
mi amigo y colaborador durante veinte años.

Tu corazón obediente a Cristo y tu pasión por Él
me inspiran para ser un hombre mejor.
Gracias por hacerme reír.

CONTENIDO

RECONOCIMIENTOS

Un libro nunca es en realidad el trabajo de una sola persona. Este escrito empezó siendo una serie de doce mensajes para *The Man in the Mirror Bible Study* [Estudio bíblico: El hombre frente al espejo] titulada "Disciplinas espirituales para el hombre frente al espejo". Mi más profundo aprecio para Daphne Mayer por hacer transcribir los mensajes, por su investigación de cientos de detalles y por mantener a flote otros barcos, mientras yo escribía. Un agradecimiento especial para Ruth Ford por transformar el discurso oral en el estilo escrito.

Gracias, Robert Wolgemuth, mi agente literario y amigo. Lanzaste mi carrera como escritor y, como siempre, hallaste el hogar adecuado para este libro.

Gracias también a la editorial Moody por aceptarme como escritor para hombres. Todos los miembros del equipo de Moody han hecho de todo y más para hacerme sentir bien recibido y para redactar el mejor libro posible. Un agradecimiento especial a Greg Thornton, así como a Steve Lyon, Dave DeWit, John Hinkley, Paul Santhouse y a mi editor, Jim Vincent.

Como siempre, mi esposa, Patsy, me ha escuchado pacientemente durante todo el proceso, ofreciéndome ánimo y sabiduría.

El equipo y la dirección de *Man in the Mirror* me permitieron gentilmente concentrarme en escribir. Les agradezco que hayan conseguido que estuviera libre para dedicarme a este libro.

Y muchas gracias de forma especial para los hombres de *The Man in the Mirror Bible Study*, de donde tuve el privilegio de extraer estas ideas. Gracias, amigos.

UNA GUÍA PARA DEBATIR EN GRUPO

Cualquier hombre que desee poner en marcha un grupo para debatir sobre *Fortalece tu caminar con Cristo: 12 disciplinas espirituales para hombres* lo podrá hacer con éxito y dirigir una discusión animada. Cada capítulo contiene preguntas útiles para el debate. Pero, antes de comenzar, ten en cuenta las siguientes directrices que serán una buena herramienta de ayuda para cualquier líder de un grupo de debate.

Crear el grupo

Facilita un ejemplar de este libro a los hombres con quien deseas reunirte. Opcionalmente, haz copias del índice de contenido y de las preguntas para el debate ubicadas al final de algunos capítulos. Pregúntales si les gustaría participar en un grupo de debate para leer y discutir este material. Puede ser un grupo del trabajo, de la iglesia, del vecindario, grupos de ocio o una combinación de estos. Invita a quien quieras. El número de miembros más adecuado es de cuatro a seis hombres.

La primera reunión

La primera semana, distribuye un ejemplar del libro y un calendario de las reuniones siguientes a cada miembro. Pon la lectura del primer capítulo como tarea para la semana siguiente y pídeles que se preparen para responder las preguntas del final del capítulo.

Luego ve pasando por la sala y pide a cada hombre del grupo que explique al resto dónde se halla en su peregrinaje espiritual. Esta actividad es muy buena para iniciar el diálogo, y los hombres se animarán al oír lo que explican los demás. No olvides decir que no hay respuestas incorrectas para esta pregunta. Algunos pueden estar empezando su peregrinaje; otros tal vez hayan avanzado mucho por el camino. Termina con una oración. Acaba siempre cuando dijiste que lo harías.

Una semana típica

Empieza con una pregunta para iniciar el diálogo. También puedes pedir a un hombre diferente cada semana que dé su testimonio personal sobre su conversión, durante cinco minutos. A continuación, presentamos un buen esquema para una reunión de una hora:

- Diez minutos para iniciar el diálogo/fomentar la comunión.
- Cuarenta minutos de preguntas de debate.
- Diez minutos de oración en grupo.
- Terminar puntualmente a la hora prevista.

Para reuniones de noventa minutos, puedes añadir veinte minutos al debate y cinco minutos a la comunión y a la oración.

Dirigir el debate

Los mejores grupos los promocionan las personas que saben pastorear, no las que solo enseñan. No pienses que tienes que saber todas las respuestas. Tu papel es más bien animar a cada uno de los hombres para que comparta sus pensamientos. Asegúrate de que todos los miembros del grupo tengan un espacio cómodo para participar. Si alguien domina la conversación siempre, pídele en privado que te ayude a hacer participar a los miembros más reservados del grupo. Y recuerda, es más importante hablar sobre cosas "reales" que responder todas y cada una de las preguntas.

Experiencia

No es necesario ser un profesor experto en la Biblia para llevar una reunión de debate. Si alguien hace una pregunta más allá de tus capacidades, simplemente admítelo y sigue adelante.

El siguiente paso

Has creado una dinámica con los hombres del grupo. No termines el estudio sin aprovechar esta dinámica. Después de la quinta o la sexta semana, empieza a indicarles los próximos pasos y cómo pueden seguir involucrados. Si el grupo no va a continuar, asegúrate de ofrecerles una oportunidad alternativa (otro grupo, una clase en la iglesia, etc.) y ayúdales a hacer la transición. El papel que tienes no se termina hasta que tus hombres hayan tomado esos pasos siguientes.

Para más información sobre el liderazgo de hombres y los recursos adicionales para hombres, visita www.maninthemirror.org donde encontrarás mucha formación para el liderazgo y materiales para grupos pequeños además de más de quinientos recursos gratis, incluso en lengua española.

INTRODUCCIÓN A LAS DISCIPLINAS ESPIRITUALES

Un hombre dijo, medio en broma: "Hazme un favor. Dime cómo puedo ser bueno, porque ya sé lo malo que soy". Este sentimiento revela la intención del presente libro y la finalidad de practicar las disciplinas espirituales.

Por desdicha, muchos hombres, hombres que realmente quieren ser buenos, acaban viviendo estancados. Por ejemplo, varias encuestas indican que de cada diez hombres de la iglesia:

- Nueve verán que, por lo menos, uno de sus hijos se va de la congregación.
- Ocho no encuentran su trabajo satisfactorio.
- Seis solo pagan la cuota mínima del saldo de sus tarjetas de crédito.
- Cinco tienen un problema importante de pornografía.
- Cuatro se divorciarán (hecho que afecta a un millón de niños al año).
- Solo uno tendrá una visión bíblica del mundo.

- Los diez se esfuerzan por mantener a duras penas el equilibrio entre el trabajo y la familia.[1]

Qué son y qué no son las disciplinas espirituales

Las disciplinas espirituales son prácticas regulares que los hombres cultivan cuando desean caminar más cerca de Cristo. Estas nos pueden ayudar a romper un ciclo o a salir de una situación de estancamiento. Son hábitos espirituales por medio de los cuales cultivamos una relación más profunda con el Señor del cielo y la tierra. Practicamos las disciplinas porque queremos agradar a Dios, llevar vidas pacíficas, ser maridos devotos, criar a hijos piadosos y ser hombres de Dios.

El atleta que levanta pesas porque esta actividad forma parte de su entrenamiento probablemente no lo hace solo porque le guste levantar hierro. De seguro quiere mejorar su fuerza y su resistencia (y también su aspecto). Del mismo modo,las disciplinas no constituyen una finalidad en sí mismas, son medios para alcanzar un objetivo.

Para el hombre que dice: "Dime cómo puedo ser bueno", tengo una respuesta sencilla, pero seria: Nunca podrás hacer nada para ser suficientemente bueno como para que Dios te ame. En cambio, Él te ama porque Él te creó y porque Cristo murió por tus pecados.

Así, las disciplinas espirituales no hacen nada para mejorar tu posición ante Dios. No cumplimos las disciplinas para que Él esté contento (ni para evitar su ira) ni para ganar su favor o tener méritos ante Él. Todos los méritos que necesitamos ya los tenemos en Cristo. Confiamos en Dios, no en las disciplinas.

No obstante, las disciplinas demuestran ante Él nuestra seriedad en seguirlo y también nos ayudan a ver nuestra propia seriedad. Cuando ya se ha dicho y hecho todo, las disciplinas espirituales son el medio diseñado para que crezcamos en esta relación que tenemos con Jesús. Dios siempre habla, si no le oímos no es porque se haya callado de repente. Es más probable que nosotros no estemos escuchando o tal vez no sepamos escuchar.

Cuatro maneras en las que Dios se comunica

Oír a Dios es simple, pero no fácil. Si lo fuera, ¿no habría más hombres escuchándolo? Puesto que Dios hoy día no habla a través de zarzas ardientes ni columnas de fuego, ¿cómo les habla hoy a los hombres? Dios se revela cada día de cuatro maneras. A través de:

- Sus *obras*.
- Su *Palabra*.
- El *"susurro"* del Espíritu Santo.
- El *testimonio* de los creyentes.

A continuación, presentamos un esbozo de las doce disciplinas que estudiaremos estructuradas alrededor de estas cuatro maneras en las que Dios se comunica con la humanidad.

En primer lugar, *Dios se comunica a través de sus obras*. Él nos habla a través de sus obras en la creación. "Los cielos cuentan la gloria de Dios, y el firmamento anuncia la obra de sus manos" (Sal. 19:1). Por ahora, simplemente observaremos que los teólogos lo llaman la revelación general. Esta comunicación está al alcance de todas las personas en todo el mundo. Este será el tema del capítulo 1: "El hombre y la creación".

En segundo lugar, *Dios se comunica a través de su Palabra*. Dios también nos habla a través de sus Escrituras. El Salmo 19:7 dice: "La ley de Jehová es perfecta, que convierte el alma". Los teólogos lo llaman la revelación especial. Este será el tema del capítulo 2: "El hombre y la Biblia".

En tercer lugar, *Dios se comunica a través del "susurro" del Espíritu Santo*. Imagínate un cubo de treinta centímetros de arista delante de ti. En el espacio de este cubo, se hallan todas las noticias del día, la programación de la radio, conversaciones de celulares y mucho más. Pero, para oírlo, necesitas sintonizar la frecuencia adecuada. Del mismo modo, la voz del Espíritu Santo está ahí delante de nosotros en ese cubo de treinta centímetros, pero no lo oiremos a menos que sintonicemos la frecuencia adecuada. En los capítulos del 3 al 9 (Tercera parte), exploraremos varias maneras de sintonizar lo que el Espíritu tiene que decirnos sobre los siguientes temas:

- El hombre y la oración.
- El hombre y la adoración.
- El hombre y el día de reposo.
- El hombre y la comunión.
- El hombre y el consejo.
- El hombre y el ayuno.
- El hombre y la guerra espiritual.

En cuarto lugar, *Dios se comunica a través del testimonio de los creyentes*. Finalmente, el Señor nos habla (a nosotros y a los perdidos) a través del testimonio de otros creyentes. Las primeras nueve disciplinas son principalmente para nosotros. En los tres últimos capítulos (Cuarta parte), exploraremos las disciplinas que básicamente ayudan a otros y a nosotros a expresar el amor al prójimo:

- El hombre y la mayordomía.
- El hombre y el servicio.
- El hombre y la evangelización.

Cuando viajo cortas distancias en auto por Florida, a menudo escucho mi emisora de radio favorita hasta donde llega. Pero, cuando salgo del ámbito de cobertura de la señal, las voces pierden intensidad y aparece el molesto ruido de fondo. O tal vez oigo otra voz de una emisora que interfiere en la misma frecuencia. Hasta que, al final, pierdo la señal del todo. Pero el hecho de que yo haya salido de su zona de alcance no significa que la emisora de radio haya dejado de emitir.

Del mismo modo, Dios siempre está emitiendo a través de sus obras, su Palabra, su susurro y el testimonio. Tenemos que situarnos dentro de la zona de cobertura. Confío en que este libro te ayude a acercarte más a Dios y a oír su voz con claridad.

PRIMERA PARTE

DISCIPLINA RELACIONADA CON LAS OBRAS DE DIOS

1

EL HOMBRE Y LA CREACIÓN

AVANCE

En este capítulo, examinaremos lo que Dios dice sobre su creación.

- **Veremos que la naturaleza revela el carácter de Dios.**
- **Aprenderemos por qué es importante disfrutar de la creación de Dios y cultivar esa actitud.**
- **Consideraremos maneras positivas para empezar a incorporar esta disciplina en nuestra vida diaria.**

Empecemos el capítulo con un breve cuestionario para comprobar tu coeficiente intelectual sobre la creación.

1. Marca la respuesta que indique mejor tu opinión sobre la creación. La creación es:

Buena **Mala** **Neutra**

2. ¿Cuál de las respuestas siguientes describe mejor la relación entre la creación (la naturaleza, el universo) y Dios?

a. La naturaleza nos da indicaciones de Dios.

b. La naturaleza revela a Dios.

c. La naturaleza esconde a Dios.

d. La naturaleza compromete a Dios.

Exploremos las respuestas bíblicas a estas dos preguntas.

Lo que dice la Biblia sobre la naturaleza

Cuando C. S. Lewis era ateo, explicó por qué no creía en Dios. Escribió lo siguiente:

> Miren ustedes el universo en el que vivimos. La inmensa mayoría de este es espacio vacío, totalmente oscuro y más frío de lo que podemos entender… Es improbable que haya vida en otro planeta fuera de la Tierra. Y la Tierra existió sin vida durante millones de años, y es posible que exista sin vida otros millones de años cuando la vida la haya abandonado. ¿Y cómo es la vida mientras existe? Está organizada de manera que todas sus formas pueden vivir solo alimentándose de las otras… En la criatura más compleja de todas, el hombre, aparece una nueva cualidad, que llamamos razón… Permite a los hombres, por medio de cientos de ingeniosas estratagemas, infligir mucho más dolor de lo que hubieran podido hacer de otro modo, a ellos mismos y a las criaturas irracionales. Han explotado este poder al máximo. Su historia es en gran parte un registro de crímenes, guerras, enfermedades y terror, con la interposición de la cantidad justa de felicidad que les confiere, mientras dura, una aprensión agonizante de que la están perdiendo, y, cuando la han perdido, la patética tristeza de recordarla…

> Había una pregunta que nunca me atreví a plantear... Si el universo es tan malo, o tal vez la mitad de malo, ¿cómo los seres humanos llegaron a atribuirlo a la actividad de un Creador sabio y bueno? Tal vez los hombres sean necios, pero difícilmente lo sean tanto.[1]

Así, pues, ¿la creación es buena, mala o neutra? El escritor Leonard Sweet nos ayuda a descubrir la respuesta en su libro *Soul Tsunami* [Tsunami del alma], en el cual describe cómo compró su familia el primer televisor. Su madre era una evangelista itinerante, y su iglesia era bastante legalista. La familia Sweet compró el televisor cuando recién comenzaban a venderse. Una noche llamaron a la puerta de su casa. El pastor pasaba por allí y les hizo una visita, y resultó que el televisor estaba encendido.

El pastor echó una ojeada y dijo: "Así que es verdad. Han comprado la maldita caja del diablo". La madre de Leonard dijo que las cosas no son malas, el mal está en lo que las personas hacen con las cosas. A pesar de ello, la familia Sweet fue expulsada de la iglesia por tener la "maldita caja del diablo".

La Sra. Sweet tenía razón. La cosa en sí no es mala. No hay *nada* en la creación de Dios que sea malo, ni truenos, ni relámpagos, ni tormentas, ni películas, ni las señales de la televisión. A pesar de ello, debido a la caída, los truenos pueden asustar a tus hijos, los relámpagos pueden caer sobre tu casa y dar lugar a un incendio, los vientos de las tormentas pueden partir un árbol que luego cae sobre tu salón, las películas pueden corromper a los seres humanos hechos a imagen de Dios, y la televisión puede introducir la blasfemia en tus oídos y la lujuria en tus ojos.

No obstante, la Biblia dice: "toda la tierra está llena de su *gloria*" (Is. 6:3, cursivas añadidas). Pues bien, esa idea siempre me molestó, porque, si miramos a nuestro alrededor, vemos mucho *mal.* También vemos una tercera fuerza en acción en el mundo: la futilidad, o lo que simplemente no importa. Yo me preguntaba *cómo podía la tierra estar llena de la gloria de Dios si hay tanto mal y tantas cosas inútiles.*

Luego, un día, mientras estaba estudiando la glucosa, me sorprendió una analogía. La glucosa es un compuesto de tres elementos: $C_6 H_{12} O_6$(seis partes de carbono, doce partes de hidrógeno, seis partes de oxígeno). La glucosa, pues, está llena de oxígeno, pero no solo oxígeno; también está llena de carbono e hidrógeno. Del mismo modo, la tierra está llena de la gloria de Dios, además del mal y de cosas inútiles.

La Biblia también dice: "Porque todo lo que Dios creó es bueno..." (1 Ti. 4:4). Colosenses 1:16 va incluso más lejos:

> Porque en él [Jesús] fueron creadas todas las cosas, las que hay en los cielos y las que hay en la tierra, visibles e invisibles; sean tronos, sean dominios, sean principados, sean potestades; todo fue creado por medio de él y para él.

Así, lo esencial en las Escrituras es lo siguiente: (1) Dios lo hizo todo. Y (2) todo lo que Dios hizo es bueno. Por lo tanto, (3) todo es intrínsecamente bueno. Esto implica que la naturaleza tiene significado y valor. Sin embargo, no quiere decir que la naturaleza sea incorruptible. Debido a la caída, tenemos que explicar el hedor de los ríos contaminados, el humo de las chimeneas y las catástrofes naturales. Lo que sí quiere decir es que, sin el pecado, la naturaleza es buena. Según su esposa Edith, el teólogo y filósofo Francis Schaeffer solía decir: "Hay muchos restos de belleza en la naturaleza". O como Sam dijo a Frodo en un momento de desesperación, en la adaptación cinematográfica de *Las dos Torres* (el segundo libro de la trilogía de *El señor de los anillos* de J. R. R. Tolkien): "Hay cosas buenas en este mundo, y vale la pena luchar por ellas".

Para que nuestro sistema de creencias se sostenga, tenemos que explicar el mal, aunque, de hecho, no es muy difícil hacerlo.

El mal no formaba parte del plan original. La respuesta está en la caída. La caída del hombre y de la mujer introdujo todo lo malo que existe en la creación. Puedes encontrar todo lo que sucedió explicado en Génesis 3, donde Adán y Eva fueron tentados y pecaron. Desde entonces siempre hemos pecado.

Volvamos ahora a la primera pregunta: ¿La creación es buena, mala o neutra? ¿Cuál es *tu* respuesta?

Ver a Dios en la creación

Ahora pasemos a nuestra segunda pregunta: ¿La naturaleza nos *da indicaciones* de Dios o lo *revela*, lo *esconde* o lo *compromete*? Los teólogos describen dos maneras en las cuales el Señor se revela a los hombres y a las mujeres. Llaman a la Biblia la *revelación especial* de Dios y llaman a la creación (o la naturaleza) la *revelación general* de Dios. Esta es la idea que sostiene que la naturaleza "revela" un conocimiento "general" sobre la esencia y las características de Dios a todo el mundo. Tal como dijo Juan Calvino: "El pintor revela algo de él mismo en sus cuadros".

Cuando observamos cómo desaparece por el horizonte una hermosa puesta de sol dorada, los lirios del campo moviéndose con la brisa o unos patitos que se esfuerzan por mantener el paso de la madre, también captamos algo de Dios. Comprender la creación visible es comprender al Dios invisible. Vemos a Dios en todas partes.

Los siguientes párrafos sobre las obras de Dios en la creación tratan perspectivas culturales e históricas y, en gran parte, reflejan la opinión de Schaeffer en su libro *Huyendo de la razón*. (Si no te interesa la historia, puedes saltarte esta sección). Schaeffer observa que, al principio de la historia cristiana, los eruditos no se detenían mucho en considerar el valor de la creación. Esto se podrá ver en una visita a un museo de bellas artes. Antes del siglo XIII, el arte versaba sobre temas elevados y santos, pero se representaban simbólicamente más que de forma realista.

Luego, en el siglo XIII, apareció en escena Tomás de Aquino. Algunos lo consideran el teólogo y filósofo más prominente de la Edad Media. Tomás de Aquino vivió en una época en la que los filósofos no cristianos como Aristóteles acaparaban la atención de los pensadores culturales. Se admiraba la habilidad de este para explicar el mundo natural simplemente a partir de sus observaciones, y el consecuente énfasis en la razón humana parecía poner en peligro las creencias cristianas sostenidas durante muchos años.

Tomás de Aquino intentó armonizar la *razón* con la *revelación*, creando cierta unidad entre la gracia y la naturaleza (o entre lo divino y lo terrenal). Gracias a él, se empezó a explorar la creación simplemente porque se disfrutaba de ella. Y así, por ejemplo, en el siglo XIV, la historia relata que un hombre llamado Petrarca subió a una montaña solo por subir a la montaña. ¡Sin tener ningún otro objetivo!

Luego, en el año 1410, alguien dibujó un pequeño paisaje de la manera en que dibujaríamos paisajes en la actualidad. Solo medía 9 x 15 cm, pero es muy importante, porque es nuestro primer ejemplo de un cuadro de un paisaje.[2] Esto probablemente no hubiera sucedido de no haber sido por los esfuerzos de Tomás de Aquino por relacionar lo temporal con lo eterno.

Recuerda que el mundo natural revela la naturaleza de Dios (llamada revelación general). Por ejemplo, la primera mitad del Salmo 19 describe cómo Dios habla a través de sus obras (*revelación general*), y la segunda mitad, cómo Dios habla a través de su Palabra (*revelación específica*). Así, este salmo empieza: "Los cielos cuentan la gloria de Dios, y el firmamento anuncia la obra de sus manos. Un día emite palabra a otro día, y una noche a otra noche declara sabiduría. No hay lenguaje, ni palabras, ni es oída su voz" (vv. 1-3).

Dios no solo habla a través de su creación; su voz resuena en los truenos o susurra desde el sonido de una roca que cayó en un estanque en el centro de un tranquilo bosque. Todos han visto a Dios en la creación. De hecho, "las cosas invisibles de él, su eterno poder y deidad, se hacen claramente visibles desde la creación del mundo, siendo entendidas por medio de las cosas hechas, de modo que no tienen excusa" (Ro. 1:20).

Podemos experimentar la creación a través de nuestros sentidos, la podemos ver, oler, oír, tocar, degustar. La naturaleza no nos guiará a la salvación necesariamente, pero nos revelará la grandeza de Dios y nos proporcionará pruebas tangibles de sus cualidades invisibles. Como hábito espiritual, no conozco una manera mejor de experimentar temor reverente que observar a Dios como el Creador de los cielos y la tierra. A través de la revelación general, se abre la ventana.

Así pues, si volvemos a la pregunta número 2: ¿La naturaleza nos da indicaciones de Dios, revela a Dios, esconde a Dios o compromete a Dios?, vemos que la contemplación de lo visible *revela* la deidad de lo invisible. El hábito espiritual de observar la naturaleza conlleva una comprensión más profunda del Señor.

Sugerencias para encontrar a Dios en la creación

¿Cuál es la mejor manera de observar a Dios en la creación? ¿Se trata de contemplar detenidamente su belleza? ¿Deberíamos mirar con asombro al hombre, creado a imagen de Dios? ¿O podemos quedar atónitos ante los grandes logros de hombres y mujeres? Al fin y al cabo, las personas han construido rascacielos, aviones, naves espaciales, televisores, teléfonos y computadoras. Han explorado tierras nuevas y han dado nombre y clasificado a gran cantidad de animales y plantas. Han encontrado curas médicas milagrosas. Esta lista podría seguir indefinidamente. Así, nos preguntamos: ¿qué revela a Dios de forma más clara: la naturaleza primitiva, el hombre o la obra del hombre?

Pues bien, esta pregunta tiene trampa, porque la respuesta es: podemos ver a Dios en los tres lugares. Esta es una verdad poderosa, porque nos libra de la tendencia de dividir nuestra vida en dos categorías, "la cristiana" y "la secular". No tenemos que vivir en un mundo donde el estudio bíblico es algo "cristiano", es decir, "bueno", y el trabajo es "secular", o sea, "malo". Todo lo que Dios hizo es bueno. En primer lugar, Él se revela en la creación. En segundo lugar, se revela por el reflejo suyo en la humanidad. Y, en tercer lugar, también se revela a través de nuestros logros.

Busca la creación de Dios a través de la naturaleza

Puedes dejar el libro y salir a disfrutar de la belleza de tu patio. Puedes tomarte un fin de semana de pausa para ir a la montaña o a la playa. Tal vez vivas en una ciudad, pero aun así puedes hacer lo que a mí me encanta: mirar al cielo de noche y admirar las estrellas.

Me gusta sentarme en el patio antes del alba y contemplar el cielo. En esos momentos tranquilos, en los que un silencio tangible se apodera de mi vecindario, antes de que las luces de las cocinas anuncien el inicio del día, y antes de que los motores y las puertas de los autos empiecen a resonar en la calle, pienso en el Salmo 8: "Cuando veo tus cielos, obra de tus dedos, la luna y las estrellas que tú formaste, digo: ¿Qué es el hombre, para que tengas de él memoria?" (vv. 3-4).

Puedes tomar un libro sobre cualquier tema y encontrar que comunica algo de su autor. Del mismo modo, la creación ofrece su propio mensaje de belleza y grandeza, y también comunica algo sobre su Creador. Proporciona perspectiva. La naturaleza revela las cualidades invisibles de Dios, su poder eterno e infinito, su naturaleza divina. Cuando me siento en mi patio y contemplo las estrellas, y los planetas y la luna, la grandeza de Dios me hace sentir humilde. Pero también me anima su voluntad de descender a mi mundo para venir a mi encuentro.

Busca la creación de Dios a través de la obra del hombre

La naturaleza en su estado puro tiene el poder de llevar nuestros pensamientos a Dios, pero también lo hacen las cosas hechas por los hombres. Considera por un momento la complejidad de un reloj, la grandeza de un rascacielos, el glorioso sonido de una sinfonía, el zumbido de un motor bien afinado, el delicioso olor de bistec a la brasa. Me encanta pasear en auto por barrios hermosos y admirar las casas, el césped bien cuidado y los jardines de flores. Me encanta el olor del césped recién cortado y la plácida sencillez de un campo de golf bien diseñado. Esta lista puede ser interminable: parques, esculturas, arte, música, catedrales, computadoras, las líneas curvas y dinámicas de un Porsche.

Dios usa nuestras obras como eco de su carácter por todo el mundo. ¿Quién no se maravilla de la potencia de una computadora portátil o de un PDA [por sus siglas en inglés, Asistente Personal Digital]? ¿Cómo sucedió? Es un reflejo del carácter creador de Dios, que Él ha puesto en los seres humanos.

Busca la creación de Dios observando su creación humana

Más allá de la naturaleza en su estado puro y la obra del hombre, encontramos la maravilla de cómo ha formado Dios a las personas. ¿Quién no admira a una bella mujer o a un hombre hermoso? Nos gusta reconocer y recompensar los logros humanos. En las artes creativas, tenemos los premios Emmy, Oscar, Tony y People's Choice. No podemos evitar celebrar las proezas atléticas de personas como Lance Armstrong y Jeff Gordon, y presentar a atletas sorprendentes en los premios ESPY [premios otorgados por la señal de cable ESPN].

Un hombre puede parecer que tiene poco talento cuando se compara con otro, pero ambos tendrán mucho talento si se comparan con un conejo o un oso amaestrado. El ser humano más pequeño es infinitamente más interesante que el animal más elevado de la creación. Cada ser humano, ya sea hermoso o con talento o atlético, forma parte de la creación y, al contemplarlo, puede guiar nuestros pensamientos a la grandeza de Dios.

Tanto si te concentras en la belleza natural, como en la belleza de la obra humana, o en la belleza de la humanidad, el resultado tiene que ser el mismo: debe impulsar tu mente a la meditación sobre la grandeza y la bondad del Dios santo. En *The Idea of the Holy* [La idea del Santo], Rudolph Otto resumió muy bien, en su descripción de lo que él llama el *mysterium tremendum*, la presencia del Trascendente:

> El sentimiento de ello a veces puede llegar arrasando como una suave marea, impregnando la mente de un tranquilo sentimiento de la más profunda adoración. Puede transformarse en una actitud del alma más estable y duradera, que continúa, por así decirlo, apasionadamente vibrante y resonante, hasta que al final muere, y el alma vuelve a su estado "profano", no religioso de la experiencia diaria. Puede brotar como una erupción repentina desde lo más profundo del alma con espasmos y convulsiones, o llevarnos a las emociones más extrañas, al delirio embriagado, al éxtasis... Puede convertirse en la humildad profunda, temblorosa y muda de la criatura ante la presencia, ¿de quién o de qué? En la presencia de lo que es un *misterio* inexpresable y que está por encima de todas las criaturas.[3]

Esto es lo que buscamos al contemplar la naturaleza, la experiencia de la santidad de Dios. Cuando se halla esta santidad en la creación, ¿cuál tiene que ser nuestra respuesta? No caigas en la trampa descrita en Romanos 1:21: "Pues habiendo conocido a Dios, no le glorificaron como a Dios, ni le dieron gracias". En cambio, glorifica a Dios, dale gracias. Por eso queremos cultivar estas disciplinas, para que nos introduzcamos en un lugar donde glorifiquemos voluntariamente al Señor y le demos gracias.

Ejercicio espiritual sugerido

- Siéntate en silencio en una habitación tranquila, en un momento tranquilo del día.
- Observa todo lo que hay en la habitación: los ruidos, el silencio, los crujidos, el viento en el exterior o la falta de viento, la corriente de aire, la humedad, la temperatura, tu propio cuerpo, los muebles, la luz, cada silla, los tejidos, la textura y el color, y piensa en cómo te hacen sentir todas estas cosas.
- Considera todas las demás cosas que hay en la habitación que no puedes ver: ondas de radio, ondas de televisión, microondas, conversaciones por medio de celulares, transmisiones de la Internet.
- A continuación, toma conciencia del Espíritu de Dios en la habitación, en el mismo sentido en que Él siempre ha estado allí, incluso cuando tú no piensas en Él.
- Ora con las siguientes palabras: "Jesús, sé que estás aquí conmigo. Haz que sienta tu presencia".

Otros ejercicios espirituales sugeridos

- Siéntate en silencio poco antes del alba y contempla el cielo.

- Observa cómo el cielo dorado da paso a un nuevo día o a la oscuridad.
- Siéntate tranquilamente junto a un riachuelo. Escucha el murmullo del agua y los ruidos que se oyen más allá… los pájaros, el viento en las hojas.
- Observa un hormiguero.
- Contempla una garza real.
- Maravíllate ante el ritual de apareamiento de dos pájaros.
- Mira una montaña y piensa cuánto tardaría una persona en llevársela con una carretilla, o en hacer una, o en escalarla.
- Observa una pata con sus patitos.

Padre celestial, te adoramos, te glorificamos, te damos gracias y te vemos en la creación. Te vemos por doquier a nuestro alrededor. Te vemos en las personas, en las cosas bien hechas por los hombres. Te vemos en la naturaleza, y es buena, y reconocemos que te has revelado a nosotros. Señor, danos el hábito o la disciplina de venir a menudo a este lugar, que tengamos esta actitud, esta disposición para que estemos contigo, que tengamos comunión contigo y que nuestra relación contigo sea cada vez más profunda. Lo pedimos en el nombre y el poder del Dios invisible hecho hombre visible en la creación. Amén.

Ideas principales

- La contemplación de la creación visible revela la deidad del Dios invisible.

- Cuando contemplamos una puesta de sol dorada que desaparece en el horizonte, los lirios del campo moviéndose con la brisa o patitos que nadan con todas sus fuerzas para seguir a su madre, también vislumbramos a Dios.
- El hábito espiritual de observar la naturaleza nos guía a una comprensión más profunda de Dios.
- Cualquier libro, independientemente de su tema, comunica algo sobre su autor. Del mismo modo, la creación nos ofrece su propio mensaje de belleza y grandeza, y también comunica algo sobre su Creador.
- Tanto si te centras en la belleza natural, como en la belleza hecha por el hombre o la belleza de la humanidad, que el resultado sea el mismo: impulsar a tu mente a meditar en la grandeza y la bondad del santo Dios.

Preguntas para el debate

1. Lee el relato de la creación en Génesis 1; especialmente los versículos 10, 12, 18, 21, 25 y 31. ¿Qué ves en cada uno de estos versículos? ¿Qué te dice esto sobre la creación de Dios?

2. Lee el Salmo 139; especialmente los versículos 13-16. ¿Qué te dicen sobre ti?

3. Describe tu última experiencia de interacción con la creación de Dios.

4. ¿Qué te enseñó esta experiencia acerca de Dios?

5. Hemos descrito maneras de experimentar a Dios a través de la naturaleza, las personas, y los logros o hazañas. ¿Cuál de estas maneras te proporciona con mayor claridad un sentimiento de la majestad de Dios? ¿Cuál te proporciona con mayor claridad un sentimiento de su presencia?

SEGUNDA PARTE

DISCIPLINA RELACIONADA CON LA PALABRA DE DIOS

2

EL HOMBRE Y LA BIBLIA

AVANCE

En este capítulo, aprenderemos la importancia de leer la Biblia y cómo desarrollar el hábito de un tiempo regular de estudio y devoción. Lo haremos de la siguiente manera:

- **Entenderemos que la Biblia es realmente la Palabra de Dios.**
- **Aprenderemos el propósito de la Biblia.**
- **Descubriremos ideas prácticas sobre cómo leer la Biblia: cuándo, dónde y con qué regularidad.**

Cuando el jugador profesional de golf, Vijay Singh, ganó el Masters, jugaba con una nota sujetada a su bolsa de golf. Era un papel escrito por su hijo de diez años, Qass, que decía: "Papá, confía en tu *swing*". Vijay pudo hacer caso al consejo de su hijo porque había practicado y se había entrenado. Su *swing* le proporcionó la victoria.

Cuando estás en la zona de prácticas del campo de golf o en el campo mismo, puedes identificar con facilidad a los jugadores que han tomado clases para aprender a hacer un buen *swing*. En la mayoría de los casos, la falta de formación (o la mala formación) produce un *swing* inútil. Las clases impartidas por una persona que juega bien al golf, que ha invertido mucho tiempo y esfuerzo para aprender a jugar, puede producir un buen *swing*, si el alumno sigue las instrucciones y practica.

Imagínate por un momento la siguiente situación: ¿Qué pasaría si Vijay Singh te llamara y te dijera: "Mañana pasaré por tu vecindario. ¿Qué te parece si te doy una clase de golf gratis?"? ¿Crees que esto te motivaría a presentarte a la clase, escuchar sus instrucciones y practicar lo que él te enseñara?

En el terreno espiritual, todos tenemos un privilegio parecido. Como cristianos, se nos invita a vivir como vivió Jesús. Tal vez pienses: *¡No tengo ni idea de lo que eso significa!* Evidentemente, Jesús es el mejor instructor y te desea enseñar. Mañana "pasará por tu vecindario". O puedes encontrarte con Él esta noche. Él está dispuesto a darte clases. Estas empezarán con la lectura y el estudio de la Biblia.

¿Qué es el estudio bíblico?

En 2 Timoteo 2:15, Pablo le escribe a su hijo espiritual: "Procura con diligencia presentarte a Dios aprobado, como obrero que no tiene de qué avergonzarse, que usa bien la palabra de verdad". Según el diccionario de griego en la *Nueva Concordancia Strong Exhaustiva*, las palabras traducidas *usa bien* significan literalmente "hacer un corte recto o diseccionar". Esto implica más que un conocimiento superficial de un tema. Indica que las personas invierten bastante tiempo, pensamiento y esfuerzo en un asunto.

Leer la Palabra es siempre una buena costumbre. Pero el *estudio* bíblico implica algo muy diferente. Indica que no leemos someramente la Biblia para poder marcar una lista que diga cuántos capítulos hemos leído en cuántos días. Más bien se trata de leer y "diseccionar" la enseñanza, reflexionar para que podamos aplicarlo a nuestras vidas.

¿Podemos confiar en la Biblia?

Sin lugar a dudas, toda persona que tome la Biblia en serio tiene que empezar creyendo que es el mensaje de Dios. ¿Dónde empieza esta confianza?

En primer lugar, la Biblia afirma con claridad que es la Palabra de Dios. Los escritores introducen un pasaje con la expresión "Así dice el Señor" o "El Señor habló" más de 3800 veces. Algunos profetas incluso afirmaron que estaban bajo las órdenes directas de Dios, obligados a dar su mensaje. Jesús citó pasajes del Antiguo Testamento, verificando su origen divino.[1]

El Señor también citó el Antiguo Testamento como una autoridad en sus días. Por ejemplo, cuando expulsó del templo a los cambistas de dinero, citó Isaías 56:7 y Jeremías 7:11. Les dijo: "Escrito está: Mi casa es casa de oración; mas vosotros la habéis hecho cueva de ladrones" (Lc. 19:46). Jesús también citó la autoridad de Moisés cuando proclamó la validez de su ministerio: "Porque si creyeseis a Moisés, me creeríais a mí, porque de mí escribió él" (Jn. 5:46).

En estos dos versículos (Lc. 19:46 y Jn. 5:46), Jesús autenticó los escritos de Moisés (Génesis, Éxodo, Levítico, Números y Deuteronomio) y también los de los profetas Jeremías e Isaías; en total son siete de los sesenta y seis libros de la Biblia.

Piensa en la información que nos dan los versículos siguientes sobre la autenticidad y el poder de las Escrituras:

> "Toda la Escritura es inspirada por Dios, y útil para enseñar, para redargüir, para corregir, para instruir en justicia, a fin de que el hombre de Dios sea perfecto, enteramente preparado para toda buena obra" (2 Ti. 3:16-17).

> "Toda palabra de Dios es limpia; Él es escudo a los que en él esperan. No añadas a sus palabras, para que no te reprenda, y seas hallado mentiroso" (Pr. 30:5-6).

El testimonio interno queda claro: la Biblia afirma que su contenido viene de Dios y no tiene errores.

Ahora bien, es cierto que una afirmación interna no es necesariamente exacta. El hecho de que yo afirme que soy el rey de Inglaterra no me hace rey de Inglaterra. De todos modos, no es poco significativo que la Biblia afirme que es "la Palabra de Dios". Tenemos realmente bastante prueba empírica para confirmar la afirmación interna. Por ejemplo, considera que la Biblia consta de sesenta y seis libros diferentes de más de cuarenta escritores humanos, escritos a lo largo de quince siglos. Y, a pesar de esto, fluye con una continuidad que parece una sola pieza de tela. Es difícil explicar este hecho sin la intervención de Dios en el proceso.

Y disponemos de 5659 manuscritos parciales o enteros del Nuevo Testamento. Compara estos datos con solo cinco, seis o siete copias de Platón, y nueve o diez copias de Julio César.[2] En cambio, la mayoría de eruditos no tienen dificultad en aceptar la veracidad de Platón y de César sobre la base de esos pocos manuscritos. Simplemente la continuidad del contenido y la prueba de los manuscritos constituyen firmes indicadores de que las Escrituras vinieron de Dios.

Luego tenemos todo el proceso (de la iglesia primitiva) que estableció qué textos se incluyen en nuestra Biblia. Un *canon* es un término teológico para determinar una lista acreditada de los libros aceptados como Escrituras. El Antiguo Testamento estaba bastante bien establecido antes del año 300 a.C. El canon del Nuevo Testamento ya se estaba formando a finales del primer siglo. Trece epístolas de Pablo estaban ya en circulación, y las iglesias empezaron a recolectar copias y archivarlas. También había muchos evangelios en circulación a finales del primer siglo y principios del segundo. Los primeros líderes de la Iglesia ya estaban determinando cuáles eran auténticos y cuáles no. Así, a finales del segundo siglo, los cuatro Evangelios estaban aceptados como la Palabra escrita de Dios.

También había personas en contra. Sabemos que un hombre influyente llamado Marción cuestionó "la lista adjunta". Rechazó todo el Antiguo Testamento. Aceptaba como Escrituras solo versiones editadas del Evangelio de Lucas y diez epístolas de Pablo. Antes de mediados del siglo II, Marción compareció ante el clero de las congregaciones de Roma. Esta comparecencia tuvo como resultado el rechazo de sus puntos de vista. Aunque el proceso de establecimiento del canon ya había empezado, las propuestas de Marción obligaron a formular una respuesta formal, acelerando con ello la finalización del canon de la Biblia.

A finales del siglo IV, tuvieron lugar dos importantes reuniones de la Iglesia: el Concilio de Laodicea en el año 363 y el Concilio de Cartago en el año 397. Ambos proporcionaron listas canónicas que reflejaban lo que ya se había aceptado en la Iglesia. También sabemos que Atanasio, el obispo de Alejandría, Egipto, tenía la tradición de escribir una carta de pascua cada año. En su Epístola de Pascua del año 367, reconocía los veintisiete libros que tenemos en el Nuevo Testamento. Con ello da testimonio de su autenticidad y autoridad.

Así, pues, los libros de nuestro Antiguo Testamento y de nuestro Nuevo Testamento han sido reconocidos por pruebas internas y externas. Los líderes cristianos de todas las edades están de acuerdo en que lo que se halla en nuestra Biblia tiene su origen en Dios, y es un documento fiable. Decenas de millares de eruditos han dedicado millones de horas y dólares al estudio de la credibilidad de la Biblia. Están de acuerdo: es realmente la Palabra de Dios.

¿Por qué es importante el estudio de la Biblia?

Cuando estudiamos la Biblia, tenemos que recordar que las Escrituras tienen un propósito. El Evangelio de Juan lo escribió un discípulo de Jesús, un amigo íntimo que lo conoció personalmente. Al final de su libro, el apóstol Juan explicó por qué su relato era selectivo: "Hizo además Jesús muchas otras señales en presencia de sus discípulos, las cuales no están escritas en este libro. Pero éstas se han escrito para que creáis que Jesús es el Cristo, el Hijo de Dios, y para que creyendo, tengáis vida en su nombre" (Jn. 20:30-31).

Un estudio realizado en el año 1994 indicó que el 73% de los norteamericanos creían que todos los milagros de la Biblia sucedieron exactamente como se describen. A pesar de ello, al contemplar esa cultura, la mayoría de nosotros estaremos de acuerdo en que esta creencia no ha cambiado la forma de pensar ni de actuar de las personas. Juan dijo que había recopilado esos milagros con un propósito. Quería que sus lectores entendieran y aceptaran que Jesús es el Mesías, el Salvador, y que supieran que Él es el Hijo de Dios.

¿Por qué es importante este hecho? Porque la creencia engendra vida. Los teólogos dicen que las Escrituras son para nuestra justificación y santificación. Básicamente, esto significa que la Biblia existe para conducirnos a la fe (justificación o salvación) y para ayudarnos a ser más y más como Cristo en nuestro crecimiento en la fe (santificación o santidad). Vemos este proceso de santificación presentado en el Salmo 1. Este pasaje tiene una promesa para el hombre que sintoniza con la Palabra de Dios. El Salmo 1:1-3 nos dice:

> "Bienaventurado el varón que no anduvo en consejo de malos, ni estuvo en camino de pecadores, ni en silla de escarnecedores se ha sentado; sino que en la ley de Jehová está su delicia, y en su ley medita de día y de noche. Será como árbol plantado junto a corrientes de aguas, que da su fruto en su tiempo, y su hoja no cae; y todo lo que hace, prosperará".

Volvamos, pues, a este pasaje y diseccionémoslo. Empieza con una progresión de actividades: caminar, estar en pie y estar sentado. Esto parece indicar que el hombre que no busca la Palabra de

Dios corre el peligro de enredarse más en los caminos del pecado y sentirse cómodo en ellos. Pero el hombre que se deleita, es decir, valora, desea y sigue voluntariamente la Palabra de Dios, se halla en un camino muy diferente. Anda hacia la vida fructífera y próspera. El estudio bíblico es importante porque nos ayuda a discernir y seguir el plan del Padre.

Vivir un compromiso con las Escrituras

Estoy muy orgulloso de mi hijo porque ha decidido que será un hombre conforme a la Palabra de Dios, como el hombre descrito en el Salmo 1. Ha decidido tomar la Palabra de Dios como su norma de vida. Mi hijo se casó hace tiempo. Su padrino de bodas fue el hijo de una buena amiga de mi esposa. Antes de la boda, esta amiga le preguntó a su hijo: "¿Qué van a hacer para la despedida de soltero? ¿Van a buscar una *stripper* y un barril de cerveza?".

Él le dijo: "Mamá, no haremos nada de eso. John Morley es un chico diferente. Probablemente miraremos la película de *Los Beverly ricos* o algo parecido".

Cuando mi hijo era joven, yo le pagaba (y a mi hija también) para que leyera la Biblia cada día. Fue una buena inversión, porque ahora es un hombre conforme a la Palabra de Dios. Cuando fue a la universidad, siguió leyéndola. No solo eso, sino que además encontró una iglesia y participó en un ministerio del campus. Hacía un estudio bíblico para cuatro o cinco alumnos de secundaria cada jueves por la mañana en un restaurante de la zona. (Mi hija tomó un camino similar).

Mi hijo es como aquel árbol plantado junto a corrientes de agua cuya hoja no cae, y todo lo que está haciendo ahora es positivo. ¿Significa esto que no va a pasar por tiempos difíciles y por sufrimiento? ¡Claro que no! Pero, en términos generales, tenemos a un joven que está experimentando la promesa de aplicar la disciplina del estudio bíblico. Está demostrando que es posible. La Palabra de Dios está al alcance de todos nosotros. La pregunta es si nosotros estamos disponibles para la Palabra de Dios.

Sugerencias para practicar la disciplina del estudio bíblico

Hemos constatado que la Biblia es la Palabra de Dios. Si crees esto, ¿no es lógico pensar que quieras leerla? Francis Bacon dijo: "Leer hace que el hombre esté completo; debatir hace que el hombre esté preparado; y escribir hace que el hombre sea preciso". Mi primera sugerencia para ti es *leer* la Biblia. Charles Spurgeon se quejaba de que podía encontrar diez hombres dispuestos a morir por la Biblia por cada uno que verdaderamente quisiera leerla. No la dejes en la estantería ni simplemente la lleves en tu cartera. Léela.

A continuación encontrarás algunas sugerencias para ayudarte en un estudio bíblico regular y significativo.

1. Consigue una Biblia pequeña.

Consigue una Biblia pequeña que puedas llevar en el bolsillo o una aplicación para tu teléfono celular o tableta. Hace tiempo, cuando me dedicaba a la venta, a menudo iba a visitar a personas que no querían verme. Sabía que a veces tendría que esperar mucho tiempo en alguna recepción, en ocasiones incluso media hora. Puesto que yo persistía en conseguir la entrevista, siempre me parecía entender que querían que esperara para asegurarse de que yo valoraba dicha visita. Así, llevaba una pequeña Biblia en el bolsillo y, durante esos momentos de espera, la leía una y otra vez. Hoy tengo dos versiones de la Biblia en mi agenda electrónica.

Tal vez pienses que no tienes tiempo para leer la Biblia. Pero sí que lo tienes. Consigue una Biblia pequeña y léela mientras esperas el avión, entrevistas, compañeros de viaje o… Seguro que entiendes lo que quiero decir. Si lo piensas bien, podrás encontrar el tiempo necesario.

2. Consigue *La Biblia en un año.*

La Biblia en un año (publicada por Editorial Unilit) sigue el calendario y propone una lectura para cada día. Al finalizar el año, habrás leído toda la Biblia. Lo llevo haciendo durante más de veinte años. Me proporciona una estrategia para leer toda la Biblia, de tapa a tapa, por lo menos una vez al año. Puedes comprar una copia en papel o encontrar un plan de lectura de un año en http://sociedadbiblica.org/.

3. Reserva un momento concreto para la lectura regular y el estudio de la Biblia.

Establece este encuentro con el estudio y la lectura de la Biblia en un momento del día en que no te distraigas con facilidad. ¿Qué cosas te distraen? En mi caso, si empiezo a hacer "cualquier cosa" antes, me resulta difícil concentrarme en la lectura, el estudio, la comunión y la reflexión. No soy el único que lo sabe; el adversario, el diablo, también lo sabe. La oración es prácticamente la única manera con la cual consigo concentrarme de nuevo. Me gusta la "Oración del Señor", el "Padre nuestro". Pero es mejor no tener que concentrarse de nuevo de entrada, y eso lo conseguimos si somos constantes.

Personalmente, prefiero levantarme temprano para leer y estudiar. Me paso una hora tres días a la semana en una bicicleta estática, así leo la Biblia mientras hago ejercicio. Ambas actividades me hacen sentir muy bien. Los otros días me siento en silencio y leo en mi escritorio.

Toma el desafío de los cinco minutos. Si no dispones de un tiempo regular de tranquilidad, reserva cinco minutos al día para leer un capítulo de la Biblia y orar. Empieza leyendo un capítulo del Nuevo Testamento, que tiene 260 capítulos. De este modo, si dedicas cinco minutos al día para leer un capítulo, cinco días por semana, podrás leer todo el Nuevo Testamento en un año. ¿No sería este un logro magnífico? Subraya pasajes que te llamen la atención. Escribe estos textos en una pequeña tarjeta, llévalos contigo y memorízalos para tener fuerza, valor y fe.

4. Reúnete con otros cristianos para estudiar la Biblia.

¿Recuerdas lo que dijo Bacon? Dijo que leer hace que el hombre esté completo; debatir hace que el hombre esté preparado. Él quiso decir que leer te llenará, pero estar preparado para hacer algo con ello es el resultado de reunirse con otros.

Hace varios años, mi hermano Pete se convirtió en seguidor de Jesucristo. Durante los primeros seis años, me cuestionaba su entrega. Me decía a mí mismo: "Oigo su confesión, pero no veo algo que pueda apoyar el mensaje".

Luego se hizo miembro de un pequeño grupo de estudio bíblico para hombres de su iglesia, y he visto su transformación. Literalmente, es otra persona, porque se ha abierto a la Palabra de Dios y ha permitido que modifique su manera de pensar y de comportarse.

Forma parte de un grupo de estudio bíblico de hombres o parejas. Te ayudará a pasar de la lectura y la reflexión a la aplicación. Un cristiano sin un grupo de estudio bíblico es como un violinista sin orquesta, un futbolista sin equipo o un empresario sin empresa.

Una vida cambiada

No he conocido nunca a un hombre cuya vida cambiara de forma significativa salvo por el estudio regular de la Palabra de Dios. La Biblia, cuando se acepta, exige una respuesta. Isaías, el profeta del Antiguo Testamento, escribió lo que sigue en nombre de Dios: "Así será mi palabra que sale de mi boca; no volverá a mí vacía, sino que hará lo que yo quiero, y será prosperada en aquello para que la envié" (Is. 55:11).

Esto es lo que está pasando en la vida de mi hermano Pete. Esto es lo que puede pasar en tu vida. Lee la Biblia. El estudio de la Palabra es entrenamiento. Es el equivalente espiritual al entrenamiento deportivo. El jugador de golf que no se entrena para el *swing*, de alguna manera, desarrollará un hábito de *swing* y algunas creencias sobre cómo hacerlo, sean o no correctas. Del mismo modo, una persona convertida que no reciba formación sobre cómo ser un discípulo irá adoptando costumbres y creencias espirituales, sean o no correctas. Y, como todos sabemos, es mucho más difícil desaprender malas costumbres que aprenderlas correctamente desde el principio. A veces acabamos enseñando trucos nuevos al perro viejo.

Si quieres actuar como un buen cristiano, y quieres tener un buen "*swing*", tendrás que asistir a la clase, escuchar las instrucciones y practicar. La Biblia es el punto de partida de toda disciplina espiritual, de todo lo que glorifica a Dios, de toda comunión con Jesucristo y de todo crecimiento y toda santificación. Si pudiera recomendar una sola cosa a un hombre para mejorar su vida, le diría: "En primer lugar, lee la Biblia cada día". ¿Mi segunda recomendación? "Forma parte de un pequeño grupo para estudiarla juntos".

Me gusta escribir libros. Es muy emocionante cuando alguien viene y me dice: "Leí tu libro, y me gustó mucho". No obstante, he observado que las personas hablan de mis libros de diferentes modos. Un hombre dijo: "Tengo ese libro". Varios hombres han dicho: "Hace tiempo que quiero leer ese libro". Pero es diferente el impacto que se produce cuando un hombre dice: "Oh, sí. ¡He leído ese libro! ¡Me gusta ese libro!".

Algún día te encontrarás con el autor de la Biblia. ¿Qué pasará si te pregunta si te gustó su libro? Tú dirás: "Tengo ese libro" o

"Hace tiempo que quiero leer ese libro". ¿O prefieres decir: "Oh, sí. ¡He leído ese libro! ¡Ese libro ha cambiado mi vida!"?

Padre celestial, tu Palabra es poderosa. Tu Palabra tiene un propósito maravilloso. Tu Palabra tiene promesas extraordinarias. Tenemos una gran confianza en que cuando Tú hablas, podemos creer en lo que dices. Haz que cada uno de nosotros tenga la más elevada consideración posible de tu Palabra. Utilízala para moldearnos y prepararnos para los retos a los que nos enfrentamos. Lo pedimos en el nombre de Cristo. Amén.

Ideas principales

- No es poco significativo que la Biblia afirme que es "la Palabra de Dios".
- Decenas de millares de eruditos han pasado millones de horas y han gastado millones de dólares estudiando la credibilidad de la Biblia. Están de acuerdo en que realmente es la Palabra de Dios.
- Consigue una Biblia pequeña que puedas llevar en el bolsillo o una aplicación para tu teléfono celular o tableta, u otra tecnología.
- Consigue un plan para leer la Biblia en un año.
- Reúnete con otros cristianos para estudiar la Biblia.
- Establece una cita regular contigo mismo para leer y estudiar la Biblia cada día en un momento en que no puedas distraerte con facilidad.

No he conocido nunca a un hombre cuya vida cambiara de forma significativa, salvo por el estudio regular de la Palabra de Dios.

Preguntas para el debate

1. Di el nombre de un atleta que realmente admires. ¿Por qué lo admiras? ¿Cómo crees que se ha preparado para tener éxito en ese deporte? ¿Qué paralelismo tiene esto con la preparación para el éxito en la vida cristiana? (Ver 1 Co. 9:24-25; 1 Ti. 4:7; 2 Ti. 4:7-8, He. 12:1-2).

2. ¿Qué papel desempeña la lectura de la Biblia en el proceso de preparación? (Ver Jos. 1:6-9; Sal. 119:9-16, 24; 2 Ti. 3:15-17).

3. Marca el número que indica cuántos días a la semana lees alguna porción de las Escrituras.

0 1 2 3 4 5 6 7

4. ¿Crees que el tiempo que dedicas a la lectura de la Biblia te está ayudando o entorpeciendo en tu preparación para vivir la vida cristiana?

5. Si crees que necesitas mejorar en la lectura de la Biblia, haz una lista que incluya, por lo menos, una medida que puedes emprender para mejorar. (Recuerda que hay sugerencias prácticas en el apartado "Sugerencias para practicar la disciplina del estudio bíblico").

TERCERA PARTE

DISCIPLINAS RELACIONADAS CON EL "SUSURRO" DE DIOS

3

EL HOMBRE Y LA ORACIÓN

AVANCE

En este capítulo, veremos cómo la oración puede ser una conversación en dos direcciones, más que un monólogo.

- **Descubriremos lo que significa orar "un poco" u orar "mucho".**
- **Hablaremos de por qué la oración es un hábito importante para el hombre que desea ser más como Cristo.**
- **Determinaremos múltiples maneras para incorporar esta disciplina a nuestra vida diaria.**

Durante unas vacaciones de Navidad, nuestra familia y la de mi esposa, doce personas en total, fuimos a Nueva York. La joya de nuestra visita era la zona de los atentados terroristas del 11 de septiembre. Pero también fuimos a ver una obra de teatro, *The Music Man* [El hombre músico]. (Esta obra teatral fue llevada al cine con el nombre en español *Vivir de ilusión*).

A través de una intrincada red de conocidos, conseguimos llegar detrás del telón. Descubrí que hay una enorme diferencia entre estar sentado en las butacas mirando cómo actúan las personas y hablar con el actor o la actriz principales.

La mujer que tenía el papel protagónico también había hecho de Christine en *El fantasma de la ópera*. Yo admiraba a esta mujer desde la primera vez que oí su voz (la llevo en mi iPod), y ahora estaba a punto de conocerla en persona. Tengo que admitir que me sentía intimidado, pero ella fue tan encantadora y amable que enseguida nos sentimos cómodos. ¡Quería saber todo sobre nosotros!

Apliquemos este principio a nuestra relación con Dios. En el primer capítulo, tratamos la costumbre de mirar la creación de Dios para ver su carácter. Observamos que nos podemos relacionar más íntimamente con Él cuando admiramos su obra. Esto equivale a mirar la obra de teatro desde las butacas. Pero Él también extiende el equivalente espiritual a una invitación detrás del telón. Quiere dialogar, tener una conversación real. Eso es increíble. Y tener una conversación regularmente es una costumbre beneficiosa que vale la pena cultivar.

¿Qué es la oración?

Jonathan Edwards escribió: "La esencia de la religión es la comunión consciente con Dios". En su libro *Celebración de la disciplina*, Richard Foster afirma: "De todas las disciplinas espirituales, la oración es la central porque nos hace pasar a una comunión perpetua con el Padre". Así, la esencia de la religión para Edwards es la comunión consciente con Dios. Y, según Foster, la oración es la mejor avenida para la comunión continua con nuestro Padre.

Muchos de los hombres que eligen este libro ya están involucrados en la oración hasta cierto punto. Muchos conocemos sus beneficios. Pero la observación general proporciona un escenario variado. Algunos hombres actúan de acuerdo con este conocimiento y oran mucho. Otros no actúan de acuerdo con este conocimiento y oran solo un poco. ¿Por qué sucede esto?

Para responder a esta pregunta, empecemos con la definición de los términos. Entiendo que orar es un diálogo que convierte la salvación en una relación personal íntima con Dios. Así, cuando digo "un poco" y "mucho", no me refiero necesariamente a la cantidad de tiempo dedicado. Hay personas que hablan mucho sin decir casi nada. Otras dicen mucho con pocas palabras. Orar "un poco" o "mucho" está más relacionado con el nivel de intimidad o comunión obtenida por la oración.

Algunos hombres tal vez tengan algo que objetar contra la palabra *intimidad*. Pero creo que un hombre seguro de sí mismo puede admitir que lo que desea es una relación íntima con Dios. Orar es una parte importante para que esto sea real. La oración verdadera es una conversación en dos direcciones. Sin duda decimos cosas a Dios, pero también escuchamos. Piensa en lo aburrido que resulta ir a comer con alguien que no para de hablar. El resultado no es una conversación en dos direcciones, es un monólogo. Cuando hablo de un hombre que ora mucho, hablo de una persona cuya oración es una plática. No hablo de alguien que parlotea constantemente a Dios.

¿Por qué tenemos que orar?

Muchas personas oran porque quieren recibir. Le piden a Dios que satisfaga sus necesidades y deseos. Es cierto que Él nos invita a hacerlo, por ello no menospreciemos esta motivación. Sin embargo, diremos que esa no es la única razón para orar. Como ya hemos observado, la oración es el punto principal para desarrollar intimidad con Dios. Esto es un regalo precioso. ¿Por qué, pues, hay tantos hombres que se resisten a orar?

Solo puedo responder en cuanto a lo que a mí se refiere. Cuando me niego a orar, a veces encuentro que en mi subconsciente he intentado "desquitarme de Dios" porque no hizo lo que yo quería que hiciera. En ese momento emocional, no parece nada cristiano tener esos sentimientos, y por ello los elimino. El problema es que siguen apareciendo en mi conducta; sigo evitando la comunicación. Se trata evidentemente de una manifestación de resistencia pasivo-agresiva.

No es una respuesta poco común. De hecho lo vemos ocasionalmente en algunos personajes bíblicos. Por ejemplo, el profeta Jonás. Dios le encomendó un trabajo que a él no le gustaba, y se enojó. Dejó de comunicarse e intentó escapar. Se embarcó para ir exactamente en la dirección contraria al lugar que Dios le había indicado. Acabó en una tormenta, lo echaron del barco y se lo tragó un pez, hasta que al final se arrepintió y volvió a orar.

Esperemos que ni tú ni yo necesitemos este tipo de medidas drásticas cuando tengamos que arrepentirnos y procurar restablecer nuestra relación con Dios. El riesgo de no orar no es solo que no obtengas lo que quieres, sino que obtengas lo que no quieres. Jonás es un ejemplo claro de esto.

Si sientes que te estás "cerrando" en este tema, por favor, sé honesto. Ve a Dios y dile: "Ahora estoy muy enojado contigo por esto". (O tal vez estés dolido, decepcionado, frustrado, asustado, confundido, dudoso... Tú conoces tu interior). La comunicación honesta en la oración es mucho más saludable que otra alternativa.

Vivir un compromiso con la oración

Desde el día de mi salvación, he querido relacionarme con Dios de forma íntima. Como sabía que lo lograría por medio del hábito de la oración, dediqué bastante tiempo a observar a hombres que oraban "mucho". Los encontré en las Escrituras, en la literatura y en la vida contemporánea. En sus ejemplos, encontré tres características: (1) Estos hombres pasaron tiempo en la "escuela de la oración". (2) Han llegado a la conclusión de que la oración es el uso más poderoso y eficaz de su tiempo. (3) Orar es su prioridad. Consideremos estas tres características.

1. Tiempo en la escuela de la oración

En Lucas 11:1, los discípulos dijeron a Jesús: "Señor, enséñanos a orar". Existe un idioma de oración. Puedes orar como lo hizo Jesús, estudiando sus oraciones. Toma el ejemplo de otros hombres que oran con autenticidad y lee los escritos sobre la oración de algunos de los grandes santos. El libro clásico de Andrew Murray de 1885, *Escuela de la oración*, es uno de los muchos libros maravillosos que puedes leer. Además de las palabras de Jesús, analiza también la actitud de tu corazón.

Vivo cerca de un lago donde he remado durante muchos años. La embarcación mide casi ocho metros y, con todos los aparejos, pesa solo diecinueve kilos. El primer año tomé algunas clases.

Un día, un vecino me dijo: "¿Sabes? Pareces muy tranquilo cuando estás remando. Se te ve muy calmado". Permíteme contarte lo que pasa en realidad. Ese palillo de casi ocho metros es muy inestable. Siempre quiere echarme al agua. Por eso, le contesté: "No me siento muy tranquilo. ¡Me agarro como si me estuviera jugando la vida con cada movimiento!". La razón por la cual estoy agarrado es, básicamente, que no he aprendido nada desde mi primer año.

La práctica no implica necesariamente progreso. Es probable que no mejore hasta que no aprenda algo nuevo sobre el arte del remo. Los últimos años lo han demostrado, porque he estado dando vueltas y chapoteando como un pez, apenas manteniendo la embarcación recta.

Lo mismo se puede decir de la oración. Alguien puede orar, incluso puede decir muchas cosas cuando ora, pero esto no significa que lo haga bien. Para mejorar necesitamos sentarnos con Jesús en la escuela de la oración. Esto significa que tenemos que estudiar su Palabra para descubrir el "cómo" de la conversación con Él.

Aquí tenemos un ejemplo. Un día por la mañana de camino al templo, Jesús y sus discípulos pasaron cerca de una higuera que no tenía fruto. El Señor maldijo el árbol y, a la mañana siguiente, este estaba seco. Pedro lo observó y lo comentó. La respuesta de Jesús fue la siguiente:

> "Tened fe en Dios. Porque de cierto os digo que cualquiera que dijere a este monte: Quítate y échate en el mar... le será hecho. Por tanto, os digo que todo lo que pidiereis orando, creed que lo recibiréis, y os vendrá. Y cuando estéis orando, perdonad, si tenéis algo contra alguno, para que también vuestro Padre que está en los cielos os perdone a vosotros vuestras ofensas" (Mr. 11:22-26).

Este pasaje proporciona una gran motivación para orar. No obstante, todos hemos tenido la experiencia de situaciones en las que pedimos y no recibimos. ¿Por qué?

Sentémonos en la escuela de la oración y comparemos esto con Santiago 4:3, que dice: "Pedís, y no recibís, porque pedís mal, para gastar en vuestros deleites".

Como seres humanos, experimentamos un tira y afloja constante entre Santiago 4:3 y Marcos 11. La yuxtaposición de los dos pasajes revela la diferencia entre la oración procedente de la carne y la oración que fluye de la relación con el Espíritu de Dios. Al sopesar estos conceptos, empezaremos a derrotar algunas de nuestras ideas equivocadas sobre cómo funciona la oración. Esto es un ejemplo de lo que significa sentarse con Jesús en la escuela de la oración.

2. La oración como un uso poderoso del tiempo

Aprende a ver la oración como el uso más poderoso y eficaz de tu tiempo. En el mundo físico, las ideas son más potentes que el trabajo físico, porque estas impulsan el movimiento. Una vez emitida, la energía no se puede contener. La oración también es más poderosa que el trabajo físico, porque también emite fuerzas que no se podrán contener.

Martín Lutero es famoso por el siguiente comentario: "Tengo tantas cosas que hacer hoy que tendré que pasar tres horas orando para poder acabarlo todo". Entonces ¿por qué cuesta tanto aceptar que la oración es la inversión de tiempo más poderosa? La respuesta es sencilla. A primera vista no parece que vaya a funcionar. No siempre obtenemos lo que pedimos en nuestra oración.

Cuando trabajamos, obtenemos un premio específico. La ecuación es así:

esfuerzo + trabajo = obtener mi objetivo

Superficialmente, el esfuerzo humano parece más útil que la oración. A muchos de nosotros la oración nos parece espiritual y mística. No la entendemos. No queremos arriesgarnos a no obtener lo que pedimos en oración. Así, oramos un poco y trabajamos mucho.

Los veranos son una agonía financiera para cualquiera que se dedique al ministerio, porque los donativos naturalmente se reducen mucho durante esa estación. Esto es tan cierto para nosotros en *Man in the Mirror* como lo es para cualquier ministerio.

Un verano, nuestra economía estaba realmente muy complicada. Empecé a orar y encontré dos pasajes clave en las Escrituras. Filipenses 4:19 dice: "Mi Dios, pues, suplirá todo lo que os falta conforme a sus riquezas en gloria en Cristo Jesús". Y luego, Mateo 6:31-32 recopila las siguientes palabras de Jesús: "No os afanéis, pues, diciendo: ¿Qué comeremos, o qué beberemos, o qué vestiremos? Porque los gentiles buscan todas estas cosas; pero vuestro Padre celestial sabe que tenéis necesidad de todas estas cosas". Luego dice que tenemos que buscar primero el reino de Dios y dejar de preocuparnos.

En el mundo práctico, esto resulta difícil. El ministerio en el que yo trabajo tiene treinta empleados. Ellos tienen hipotecas, alquileres y gastos del auto. Tienen que comprar comida, pagar el cuidado de los hijos, la gasolina y las facturas del médico. Estos empleados dependen de sus salarios. Una semana de ese verano, no teníamos absolutamente nada para pagar las nóminas. Hicimos una serie de reuniones, me fui a casa y escribí en mi diario: "Dios, siento como si me hubieses fallado. No creo que me hayas fallado, pero es así como me siento".

Tú ya debes haber adivinado que Dios sí cubrió esa necesidad, y ha cubierto todas y cada una de nuestras necesidades. Pero todos tenemos momentos en los cuales la vida simplemente no va de la manera que esperamos. En esas circunstancias, tenemos que confiar en que la oración es el uso más poderoso y eficaz del tiempo.

Blaise Pascal dijo: "Dios instituyó la oración para permitir a sus criaturas la dignidad de la causalidad". C. S. Lewis dijo:

> Los dos métodos por los cuales se nos permite producir acontecimientos pueden llamarse la obra y la oración... El tipo de causalidad que ejercemos por la obra está, por así decirlo, garantizado divinamente y, por lo tanto, es implacable. Por medio de ella, somos libres para hacernos a nosotros mismos todo el mal que queramos. Pero el tipo que ejercemos con la oración no es así; Dios se ha reservado un poder discrecional. Si no lo hubiera hecho así, la oración sería una actividad demasiado peligrosa para el hombre... Por esto Dios se ha reservado el poder discrecional de conceder o negar; si no fuera así, la oración nos destruiría.[1]

En otras palabras, la oración es mucho más poderosa que el trabajo, y Dios le ha puesto límites. Si no lo hubiera hecho, todos nos destruiríamos a nosotros mismos. Luego Lewis proporciona una maravillosa ilustración:

> No es ilógico pensar que un director diga: "Todo esto lo pueden hacer de acuerdo con las normas de esta escuela. Pero estas otras

cosas son demasiado peligrosas para dejarlas sujetas a las normas generales. Si ustedes quieren hacerlas, vengan y solicítenlo, y hablaremos sobre el tema en mi despacho. Y entonces, veremos".[2]

¿Confías lo suficiente en Dios para entender que Él ya conoce todo lo que necesitas antes de que se lo pidas en oración? Esto es lo que dicen las Escrituras. Él te dará todo lo que necesitas, de sus gloriosas riquezas. Y responderá todas y cada una de las oraciones, para las cuales deberás entrar en su despacho para explorarlas con Él; a veces escucharás un "sí", a veces será un "no".

Reconoce, pues, que la oración es el uso más poderoso y eficaz del tiempo. Un joven empresario me dijo: "¿Sabes? No tengo mucho tiempo para la oración y la lectura de la Biblia. Tengo hijos pequeños, estoy forjando mi carrera profesional y estoy muy activo en mi iglesia". Le sugerí que revisara sus prioridades.

Cuando yo pensaba lo mismo que él, hice caso a una sugerencia de Peter Drucker, el gurú de la gestión. Me senté, tomé un papel y dibujé mi uso real del tiempo en una tabla. Drucker dice que todos tenemos expectativas sobre cómo quedará nuestra tabla del tiempo y, sin excepciones, todos nos sorprendemos por lo que descubrimos. Me di cuenta de que pasaba de una a dos horas cada noche mirando la televisión. Empecé a ir a dormir temprano en lugar de mirar la televisión, y a levantarme dos horas más temprano por la mañana. Hay personas que piensan que estoy loco por levantarme a las cuatro de la mañana, pero a mí me parece muy bien; estoy conversando con Dios.

Si realmente quieres hacerlo, encontrarás el modo. Si deseas tener una relación íntima con Jesús, la podrás tener, pero deberás cultivarla con la conversación.

3. La oración, prioridad número uno

Haz que la oración sea tu prioridad. En 1 Samuel 14, las Escrituras describen una batalla entre los israelitas y los filisteos. En aquel entonces, Saúl era el rey de Israel, y su ejército estaba aplastando al enemigo. En el versículo 36, Saúl dijo: "Descendamos de noche contra los filisteos, y los saquearemos hasta la mañana, y no dejaremos de ellos ninguno". Sus hombres estuvieron de acuerdo afirmando que lo que él considerase sería lo mejor. Pero el sacerdote dijo: "Preguntémosle a Dios primero".

Este acontecimiento resume lo que al final provocó la reprobación de Saúl. Orar nunca fue su prioridad. No había interiorizado la oración para que se convirtiera en un hábito, en una respuesta inmediata. El rey Saúl perdió este tira y afloja en múltiples ocasiones. Al leer el Antiguo Testamento, vemos, evidentemente, que David era el hombre que iba a sustituir a Saúl. La tendencia automática de David era la de pedir la sabiduría y la guía de Dios. El hombre que ora mucho cultivará esta actitud. Hará de la oración su costumbre. Será su prioridad; estará dispuesto a orar.

Sugerencias para practicar la disciplina de la oración

1. Ten un tiempo de tranquilidad que incluya la oración.

El "tiempo de tranquilidad" de lectura y reflexión de la Biblia debería incluir la oración diaria, sin embargo, debes cambiar este tiempo de tranquilidad, si se convierte en rutina excesiva. Con el paso de los años, muchos guerreros de la oración han ido desarrollando sistemas, métodos o fórmulas que les han ayudado para centrarse en la oración. A mi parecer, todos tienen su valor, y el mejor método será el que tú utilices.

Últimamente, he utilizado la "Oración del Señor" de forma bastante regular: "Padre nuestro que estás en los cielos..." (Mt. 6:9ss.). Utilizo una frase, reflexiono, y luego oro sobre las cosas en las que el Señor me hace pensar que tienen que ver con esta lista. A continuación tenemos tres ejemplos:

> "El pan nuestro de cada día, dánoslo hoy". Esto me hace orar sobre temas en los que mi familia, mis amigos, mis trabajadores y yo necesitamos de la provisión de Dios.
>
> "Y perdónanos nuestras deudas, como también nosotros perdonamos a nuestros deudores". Esto me lleva a orar sobre temas en los que necesito arrepentirme y también en los que necesito "dejar libre" algo que me ha dolido o me ha hecho enojar.
>
> "Y no nos metas en tentación, mas líbranos del mal". Esto me hace orar pidiendo protección en temas en los que sé que soy susceptible de caer en tentación.

Tal vez este sistema te funcione. O posiblemente prefieras otro enfoque, como por ejemplo el acrónimo CASA:

C es *confesión*. Confiesa a Dios todos los pecados de los que seas consciente y pídele perdón; "mantén las cuentas al día" con Él.

A es *adoración*. Adora a Dios por sus atributos: santidad, poder, majestad, belleza, amabilidad, misericordia y bondad.

S es *súplica*. No hay nada demasiado grande ni demasiado insignificante que no se pueda presentar a Dios en oración.

A es *acción de gracias*. Expresa gratitud a Dios por sus bendiciones y misericordias, especialmente las cosas que a menudo tomamos por descontado, tales como dormir bien por la noche, las provisiones diarias, la salud, la familia, etc.

Lorne Sanny, antiguo presidente de *The Navigators* [Los Navegantes], sugirió que oráramos hacia atrás repasando los acontecimientos del día anterior paso a paso, y hacia adelante repasando los del día actual. Orar hacia atrás nos conducirá a oraciones de acción de gracias y confesión, mientras que la oración hacia adelante nos llevará a oraciones de súplica.

Puedes hacer una lista concreta de cosas. Por ejemplo, cuando mis hijos eran pequeños hice una lista de oración.[3]

También podrías tener un cuaderno de oración. No hay normas en esto, excepto que orar es una conversación diseñada para convertir tu salvación en comunión e íntima relación con nuestro Señor y Salvador Jesucristo.

2. Ora por todo.

La Biblia deja muy claro que tenemos que orar por todo. De hecho, el momento de tranquilidad es una adaptación para las personas muy ocupadas. El concepto bíblico es "orar sin cesar" y meditar la Palabra de Dios "día y noche" (1 Ts. 5:18; Sal. 1:2). El hombre que lleva puesta la armadura de Dios sigue necesitando la oración. El apóstol Pablo escribió sobre el tema, y seguramente oraba "en todo tiempo con toda oración y súplica" (Ef. 6:18).

3. Ora regularmente con tu esposa (si estás casado) o con un compañero responsable.

Si estás casado, intenta orar con tu esposa cada día. Aunque las estadísticas de matrimonio y oración constituyen un gran debate, el Dr. Tom Elliff, presidente del *Southern Baptist Council on the Family* [Consejo Bautista del Sur sobre la Familia], observa que la oración junto con la asistencia a la iglesia y la consejería beneficia a los matrimonios: "Pero lo que hemos descubierto es lo siguiente: que el índice de divorcio de las parejas cristianas nacidas de nuevo que se casan... en la iglesia después de recibir consejo prematrimonial... y asisten a la iglesia con regularidad y oran cada día juntos, es aproximadamente de un divorcio de cada 39.000".[4]

Prescindiendo de la importancia de la estadística, la oración con tu esposa simboliza una profunda relación con Dios y el uno con el otro. Shaun, de Bozeman, Montana, preguntó a su grupo de hombres: "¿Cuántos de ustedes oran con su esposa?". Solo uno de los ocho hombres respondió de manera afirmativa. Durante el año siguiente, se comprometieron a orar juntos. Como dijo uno de los hombres: "Resulta bastante difícil estar enojado con tu mujer o estar peleándose y, a pesar de ello, acudir a la presencia de Dios con un corazón limpio. Nos obliga a comunicarnos y a humillarnos delante del otro antes de hacer algo tan íntimo como orar juntos. Simplemente impregna el resto de tu familia y tu día".

Aquí tienes una idea: pregúntale a tu esposa si ustedes pueden tomarse dos o tres minutos al día, tal vez antes del trabajo, para (a) alabar a Dios y darle gracias, (b) intervención e (c) intercesión.

Si eres soltero y quieres orar con otra persona, reúnete con un hombre para orar. Varios hombres que conozco tienen compañeros de oración. Algunos se reúnen en momentos establecidos; otros se ponen en contacto cuando surge una necesidad concreta. Un hombre casado nunca debería tener como compañera de oración a una mujer que no sea su esposa. Un hombre soltero nunca debería tener a una mujer casada como compañera de oración.

Ejercicios espirituales sugeridos

- Pasa más tiempo cada día abriendo tu corazón a Dios. Luego, intencionadamente, calla para discernir impresiones del Espíritu Santo (que coincidan con la Palabra de Dios).
- Busca los versículos de la primera pregunta en "Preguntas para el debate" en la siguiente página y pídele a Dios que te dé el deseo de hacer de la oración la prioridad de tu corazón.

- Concéntrate durante un día en tu respuesta emocional a diferentes situaciones: orgullo, temor, ira, miedo, tristeza, entusiasmo, humildad. Pregúntate: "¿Qué información sobre mí me está dando esta emoción?". Luego ora y ríndete a Dios, mientras le pides fortaleza y, si es necesario, sanidad.

Padre, esta disciplina espiritual de la oración ha sido la preocupación principal de tus grandes santos a lo largo de los siglos. Señor, oramos que hagas que sea también nuestra dedicación principal. Queremos entender que la oración es una conversación en dos direcciones, y que, por esta conversación, la preciosa salvación también se convierte en una relación íntima. Padre, por favor, anímame a sentarme regularmente contigo en tu escuela de la oración. Dame la certeza de que orar es la inversión de tiempo más poderosa y eficaz. Ayúdanos también a cada uno de nosotros para que la oración sea nuestra prioridad. Independientemente de lo que encontremos, bueno o malo, que nuestra respuesta automática sea la oración: hablar las cosas contigo. Lo pedimos en el nombre y el poder de Jesús. Amén.

Ideas principales

- El riesgo de no orar no es solamente no obtener lo que queremos, sino que podemos recibir lo que no queremos.
- Los hombres que oran mucho (1) pasan tiempo en la "escuela de la oración"; (2) llegan a ver la oración como el uso más poderoso y eficaz de su tiempo; y (3) hacen de la oración su prioridad.

- Todos pasamos por momentos en los cuales la vida simplemente no funciona. En esas circunstancias, tenemos que confiar en que la oración es el uso más poderoso y eficaz del tiempo.
- Si realmente deseas orar de forma regular, encontrarás la manera de hacerlo.
- Orar es una conversación diseñada para convertir tu salvación en íntima relación con nuestro Señor y Salvador Jesucristo.

Preguntas para el debate

1. Busca estos pasajes y escribe lo que te dicen acerca de la oración:

Mateo 6:5-15, 25-34

Marcos 11:20-26

Lucas 11:1-13

Juan 14:1-14

2. De los pasajes indicados, escribe una verdad que te pareció sorprendente y una manera para aplicarla en tu vida de oración.

3. Este capítulo proporciona tres características del hombre que ora. ¿Cuáles son?

4. De acuerdo con esta lista, ¿te consideras un hombre de oración? ¿Por qué sí o por qué no?

5. Si has dicho "no", ¿deseas corregir este asunto? Si es así, ¿qué pasos específicos vas a emprender para aplicar la oración como disciplina espiritual?

4

EL HOMBRE Y LA ADORACIÓN

AVANCE

En este capítulo, definiremos adoración y descubriremos que puedes adorar muchas cosas además de a Dios, pero estas no te pueden satisfacer. Para ello haremos lo siguiente:

- **Dibujaremos el perfil de tres tipos de hombres que se enfrentan a sus tentaciones.**
- **Aprenderemos cómo cada uno puede encontrar fortaleza y realización a través de la adoración a Dios.**
- **Entenderemos que la adoración es más que un acontecimiento o una actividad; es un estilo de vida de sumisión a Dios.**

La Fórmula Uno se destaca como el acontecimiento más importante de las carreras automovilísticas. Ferrari, por ejemplo, invierte aproximadamente 300 millones de dólares cada año para participar en este nivel de competición. El que fue el piloto principal de Ferrari, Michael Schumacher —el conductor con más éxito de toda la historia—, ha ocupado el puesto del atleta mejor pagado del mundo. Algunos años, Schumacher ha ganado hasta el 75% de las carreras, a pesar de competir contra veintiún pilotos de clase mundial.

Soy un fan de la Fórmula Uno. Como ustedes bien saben, los que desarrollan un interés como este acostumbran a profundizar en el tema. Una tarde, un hombre que estaba trabajando en mi casa me dijo que un amigo suyo y él tenían un videojuego de Fórmula Uno. Decidí ir a una tienda de electrónica para probarlo.

El siguiente paso fue intentar explicarle a mi esposa por qué tenía el auto lleno de juguetes electrónicos. Le dije en broma: "Como estoy en el ministerio y escribo libros, necesito entender nuestra cultura". Pero lo cierto es que me encanta la competición y la velocidad.

Tras conectarme en nuestra *Play Station 2* con la versión actual del juego de carreras de Fórmula Uno, "F1 2002", seleccioné el auto de Michael Schumacher. Rápidamente estaba en una pista virtual a más de 300 kilómetros por hora. El mundo entero desapareció. No había distracción alguna. Estaba concentrado. Estaba ganando..., hasta que mi esposa abrió la puerta y dijo: "Nuestro hijo John al teléfono".

¿Saben ustedes lo difícil que es controlar un auto de Fórmula Uno a 300 kilómetros por hora tras perder el contexto? Empecé a dar vueltas de forma descontrolada en todas las direcciones, luego me estrellé contra la baranda y paré abruptamente. Mi hijo es más importante.

¿Qué es la adoración?

Quien acude a adorar debería quedar tan absorto en la comunión con Dios como lo estaba yo en el videojuego. Ante todo, adorar significa impedir toda distracción, aunque solo durante unos momentos, y tener una conexión con Dios al cien por cien. Pero la adoración también tiene lugar veinticuatro horas cada día de la semana; es vivir cada día de la abundancia de esos momentos especiales con Dios. Por ejemplo, como explicaremos más adelante, incluso nuestro trabajo puede ser un acto de adoración.

En el Antiguo Testamento, la palabra hebrea para *adoración* significa "inclinarse o postrarse". En el Nuevo Testamento, la palabra griega para *adoración* significa "besar, de la manera que un perro lame la mano de su amo".

J. I. Packer, un puritano moderno, dijo en *A Quest for Godliness* [La búsqueda de la piedad]: "¿Qué es la adoración? Es esencialmente doxología, dar gloria, alabanza, honor y homenaje a Dios. En el sentido más amplio de la palabra, toda piedad verdadera es adoración. 'La piedad es adoración'".[1] El diccionario define *adoración* como "un respeto extravagante, o admiración o devoción por un objeto de gran valor". Los cristianos ofrecemos esta devoción a nuestro Dios. Packer dice que la adoración es "toda nuestra comunión directa con Dios: invocación, adoración, meditación, fe, alabanza, oración y recibir instrucciones de su Palabra, tanto en público como en privado".[2]

Adorar a Dios

Aunque seamos cristianos, podemos adorar a alguien (o algo) que no sea Dios. El gran predicador colonial Jonathan Edwards observó que el hombre siempre adora algo, ya sea un entretenimiento, una persona o un ídolo.

Las Escrituras también reconocen esta tendencia cuando advierten sobre la futilidad de adorar a alguien o a algo que no sea Dios. El primer mandamiento es: "No tendrás dioses ajenos delante de mí" (Éx. 20:3). Luego sigue con la prohibición de crear algún objeto con la finalidad de adorarlo. Dios desea nuestra adoración y quiere que sea nuestra respuesta exclusiva para Él.

Durante una conversación con una samaritana, Jesús dijo: "Mas la hora viene, y ahora es, cuando los verdaderos adoradores adorarán al Padre en espíritu y en verdad; porque también el Padre tales adoradores busca que le adoren. Dios es Espíritu; y los que le adoran, en espíritu y en verdad es necesario que adoren" (Jn. 4:23-24).

Dios quiere que sus discípulos sean adoradores. Por eso, es importante que entendamos en qué se diferencia la adoración de otras disciplinas espirituales.

¿Qué sucede cuando adoramos? La criatura, profundamente consciente de su "esencia como criatura", acude a la presencia del único Padre santo y verdadero, y está en comunión con Él. La experiencia nos lleva a exaltar, reverenciar y alabar. En esta disciplina espiritual, nos postramos ante nuestro Dios santo.

Para mí, adorar a Dios significa estar atrapado en Él; como expliqué más arriba, es como ir a 300 kilómetros por hora en una pista. Me desentiendo por completo de todo lo que pasa a mi alrededor. Estoy totalmente absorto en la Persona, la Divinidad, la Trinidad: Padre, Hijo y Espíritu Santo.

Nuestra adoración repercute en nuestra relación con Él, pero también repercute en nuestra relación con todo lo demás. Piensa en el profeta Isaías. En Isaías 6, encontramos al profeta en el templo, lo cual implica que estaba adorando. Mientras adoraba, vio a Dios. Se halló cara a cara con el Dios santo y fue plenamente consciente de quién era él mismo. Se vio como un hombre que necesitaba la purificación que solo Dios podía proporcionar. Así, se arrepintió y, una vez limpio, el propósito de su vida se le manifestó con claridad. La adoración puede proporcionar este tipo de claridad.

¿Por qué tenemos que adorar?

Doug Coupland, que escribió *Generation X* [Generación X] y popularizó el término *GenX*, también escribió otro libro titulado *Life After God* [Vida después de Dios]. Nuestro casi insaciable apetito por la distracción realmente culmina en un hombre como Coupland, que representa una generación entera de jóvenes occidentales. Permítame citar parte de la sobrecubierta de *Life After God*:

> Como hijos de la clase media, nadamos de noche en piscinas con agua a la temperatura corporal, piscinas del color de la tierra tal como se ve desde el espacio. Ustedes son la primera generación criada sin religión. ¿Qué sucede si crecemos sin religión o creencia? Al hacernos adultos, la belleza y el encanto del mundo templan nuestras almas. Todos somos criaturas vivas con fuertes impulsos religiosos, pero ¿dónde se canalizan estos impulsos en un mundo de centros comerciales, televisión, comidas preparadas y aviones de reacción? ¿Cómo soportamos la soledad? ¿Cómo gestionamos la ansiedad, el conflicto de las relaciones? ¿Cómo alcanzamos la etapa tranquila y segura de nuestras vidas?

Coupland explica muchas historias como esas en el libro, pero en la penúltima página escribe la siguiente conclusión:

> Ahora bien, he aquí mi secreto: se lo cuento con el corazón abierto, de una manera en la que no creo que lo haga nunca jamás, por lo tanto espero que usted esté en una habitación tranquila al recibir estas palabras. Mi secreto es que necesito a Dios; que estoy enfermo y no puedo continuar solo. Necesito que Dios me ayude a dar, porque parece ser que ya no soy capaz de dar; que me ayude a ser amable, porque parece ser que ya no soy capaz de sentir amabilidad; que me ayude a amar, porque parece ser que he ido más allá de la capacidad de amar.[3]

Vivimos en un mundo inundado de diversiones. Permíteme decir, en primer lugar, que las distracciones son divertidas, y la mayoría son buenas. A veces necesitamos diversión, pero, al final, descubrimos en nuestras almas un hambre más profunda que no se puede satisfacer solo con diversiones. El entretenimiento puede llevar el alma a un anhelo, pero no siempre entendemos qué o a quién deseamos. Coupland descubrió que su anhelo era Dios. *Nota: Escribí a Doug Coupland y le envié un libro. Me llamó, tuvimos una conversación maravillosa, y, si le entendí bien, se ha convertido al cristianismo.*

Podemos hacer dos imágenes del proceso descrito por Coupland. La primera representa a un hombre con una lámpara, que busca en el universo a un Dios escondido. La segunda muestra a un hombre comiendo y disfrutando, mientras Dios envía sus portavoces —profetas y predicadores—, pero el hombre no quiere escuchar.

¿Qué es lo que dicen las Escrituras? ¿Recuerdas la conversación de Jesús con la samaritana? Él le dijo que Dios está buscando adoradores. Si Dios y el hombre no se encuentran, no es porque Él se esté escondiendo. Somos nosotros quienes nos escondemos. Adoramos porque es nuestra obligación.

Tres tipos de hombre

Nuestra respuesta a Dios dependerá en gran manera de si estamos dolidos, vacíos o felices.

El hombre dolido

Carlos es un hombre dolido. Tal vez simplemente se ocupaba de sus asuntos cuando le sobrevino el mal. O tal vez sufre las consecuencias de sus pecados.

Carlos no pensaba que Dios lo podía llenar y satisfacer. Así que encontró una mujer. Tal vez idolatró el sexo. Creyó que tenía razones para sucumbir a esta tentación, porque su esposa hacía veinte años que se había desconectado de él emocionalmente. No había ninguna calidez en la relación. Cada día, durante dos décadas, vivió con una mujer que no le daba nada. Tenía hambre emocional. Pero, en lugar de encontrar su satisfacción en Dios, eligió hallarla en una relación con una mujer.

En su gracia, Dios quitará todos los ídolos. Carlos todavía está dolido, pero por una razón diferente. Ahora le han descubierto. Está siendo castigado y disciplinado. ¿Cuál es la necesidad más grande de Carlos?

El hombre vacío

David siente que la vida no tiene sentido ni significado alguno. Su situación es algo diferente de la de Carlos. Para aquel, la vida no funciona. Para David, funciona, ¿y qué? Todo va bien, pero no parece importar para nada. Tiene todos los motivos para ser feliz, pero no lo es.

Para David, la vida es una especie de chiste malicioso ideado por un titiritero cruel. Su gozo se ha hundido en la tiniebla de la duda. En vez de cuestionar la noción de inutilidad, David busca distracciones. Tal vez siga cumpliendo con las formas cristianas, sigue yendo a la iglesia, sigue orando, sigue leyendo la Biblia. Pero, en su interior, este hombre vacío dice: "No estoy seguro de que me creo todo esto".

El hombre feliz

José parece satisfecho. Su carrera va bien, tiene un gran matrimonio, y su relación con Dios es impresionante. Ha satisfecho las tres cosas que necesita todo hombre. Tiene (1) algo a lo que puede dedicar su vida, (2) alguien con quien compartirlo y (3) un sistema de creencias que le proporciona una explicación razonable de ¡por qué los dos primeros aspectos son tan difíciles!

De todos modos, José sigue enfrentándose a sus propias tentaciones, y la más grande de todas es la tendencia de dar por descontada la fuente de su felicidad. Puede volverse demasiado satisfecho de sí mismo. O peor, puede hacer un ídolo del éxito, acreditándose los méritos a él mismo.

El hombre dolido ve a Dios de forma diferente que el hombre vacío, y el hombre feliz, a su vez, ve a Dios de forma diferente que el hombre dolido y el hombre vacío. El hombre que adora correctamente ve a Dios como es: Creador. Y se ve a sí mismo como es: una creación. Su estilo de vida refleja esta perspectiva.

Rendir adoración en lugar de "obtenerla"

The Weight of Glory [El peso de la gloria] contiene varios mensajes de C. S. Lewis, compilados por su secretario, Walter Hooper. En la introducción, este comenta que Lewis era la persona más modesta que él había conocido jamás. Hooper escribió: "Una tarde este hecho se vio de forma muy natural. Habíamos estado hablando sobre uno de nuestros libros favoritos... y mencioné que a veces me sentía como cuando, por así decirlo, Sir Lancelot iba a librar a alguna dama indefensa de algún peligro. Entonces, precisamente en el momento en que no se lo puede admirar lo suficiente por su desinterés, explica a alguien, como si fuera lo más natural del mundo, que [Lancelot] lo está haciendo para 'obtener adoración', es decir, para acrecentar su reputación".[4]

"Sin pretender ser inoportuno —Hooper añadió—, pregunté a Lewis si se daba cuenta de que, prescindiendo de sus intenciones, él estaba 'obteniendo adoración' por sus libros. Él respondió en voz baja, y con la más profunda y completa humildad que haya observado jamás en alguien: 'Tenemos que esforzarnos todo lo posible por no pensar en ello'. Por un momento, la casa, el jardín, todo el universo parecían guardar silencio, y luego empezó a hablar de nuevo".[5]

Practicar la disciplina de la adoración

Lewis sabía que, como Lancelot, tenía que ir con cuidado de no buscar adoración. De forma parecida, en mi ministerio, nunca he hablado ante un público que no incluya a hombres como Carlos, David y José. Algunos están dolidos. Algunos están vacíos.

Algunos son felices. Todos entran en por lo menos una categoría, o tal vez en más de una, por diferentes motivos. Tienen distintos problemas, pero encuentran soluciones de la misma manera, por medio de la adoración exclusiva a Dios.

El hambre más profunda del alma es adorar a su Creador. Es así como se cura el hombre dolido. Es así como el hombre vacío recibe satisfacción. Y es así como el hombre feliz sigue siendo feliz.

Todos tenemos grandes deseos de amor, significado, felicidad. Pero no obtendremos estas cosas persiguiéndolas, porque nos distraen de enfrentarnos a nuestro deseo más profundo. El clamor básico de nuestras almas es la adoración. No hay nada que pueda llenar este vacío.

Lee el Salmo 42, empezando con los primeros versículos. Este pasaje dice: "Como el ciervo brama por las corrientes de las aguas, así clama por ti, oh Dios, el alma mía. Mi alma tiene sed de Dios, del Dios vivo; ¿cuándo vendré, y me presentaré delante de Dios?".

Los versículos 5 a 7 dicen: "¿Por qué te abates, oh alma mía, y te turbas dentro de mí? Espera en Dios; porque aún he de alabarle, Salvación mía y Dios mío. Dios mío, mi alma está abatida en mí; Me acordaré, por tanto, de ti desde la tierra del Jordán, y de los hermonitas, desde el monte de Mizar. Un abismo llama a otro a la voz de tus cascadas; todas tus ondas y tus olas han pasado sobre mí". Este pasaje describe claramente a un hombre cuyo deseo más profundo es adorar a Dios.

Sugerencias para practicar la adoración

¿Cómo se hace esto? El Salmo 95 proporciona una imagen bastante clara de la adoración. Dice así: "Venid, aclamemos alegremente a Jehová; cantemos con júbilo a la roca de nuestra salvación. Lleguemos ante su presencia con alabanza; aclamémosle con cánticos" (vv. 1-2). Lee de nuevo estos versículos y marca todos los verbos y sus modificadores. Observarás que la adoración se puede expresar mientras "aclamamos alegremente" o "cantamos con júbilo" o "llegamos con alabanza" o "aclamamos con cánticos".

Para aplicar la disciplina de la adoración, podemos cantar. Podemos declarar —en voz bien alta—, el valor de Dios. Podemos llegar en oración ante su presencia con corazones agradecidos, con una actitud de agradecimiento. Podemos dejar que la buena música dirija nuestros corazones y nuestras mentes a Él.

Ejercicios espirituales sugeridos

A continuación presentamos diez sugerencias prácticas para una vida de adoración más rica. Sin duda, conocerás algunas de estas sugerencias. Otras tal vez no las conozcas. Recuerda, no se trata de una lista mágica de cosas que puedes hacer para adorar a Dios, sino que se trata de unas cuantas cosas que te proporcionarán una mayor experiencia continua o diaria de adoración y, por ello, renovación cada día. La lista no es exhaustiva.

1. La preparación

Le pregunté a David Delk, presidente de *Man in the Mirror*, cuáles eran las cosas más prácticas que podría sugerir a los hombres. Él observó con astucia: "No me preocupa lo que añadas después, pero diles, sobre todo, que respiren profundamente dos veces antes de empezar". Esta es la idea de preparación. Por ejemplo, cuando estás en la cama antes de levantarte en la mañana, prepárate para el día. Piensa en Dios y, por qué no, di una oración. Cuando vayas a la iglesia el domingo, antes de salir de casa, piensa en lo que vas a hacer. ¡Ayuda también a tu familia a pensar en ello!

2. La creación

Se podrían usar muchas palabras diferentes para este punto, pero se trata de la idea de contemplar la creación de Dios, su revelación general (ampliada en el capítulo 1). Me gusta sentarme en el patio antes del alba y contemplar el cielo saturado de estrellas. Imagino a Dios introduciendo la mano en un recipiente de luz líquida y salpicando con los dedos la cortina de la noche.

¿Cómo entiendes esto? Yo no lo entiendo. Por ello, me arrodillo y adoro. Contemplar la majestad de la creación te puede llevar a un momento trascendente que te deja un sentimiento más profundo de asombro y reverencia ante nuestro gran Dios.

3. La Biblia

La Biblia es el lugar donde obtenemos conocimiento sobre el evangelio de Jesucristo, la fe, el arrepentimiento, la obediencia y cómo podemos vivir nuestras vidas. Puedes considerar la idea de tener un lugar concreto en casa donde puedas leer la Biblia. Cuando voy a mi lugar tranquilo, sé que me encontraré con Dios porque voy a examinar su Palabra. Voy a estudiar, y le voy a permitir que hable conmigo en privado por medio de su Palabra.

4. La oración

Hay muchas maneras diferentes de orar. Hay oraciones preparadas, y hay oraciones espontáneas. Quisiera animarte a tener una conversación fluida con Dios. Muchas personas tienen una conversación fluida con ellos mismos. "Me pregunto si debería ir a esa fiesta. Me pregunto si debería comprar ese producto a esa persona. Me pregunto a quién debería llamar para mi próxima presentación comercial. Me pregunto, me pregunto, me pregunto…". Tal vez podrías convertir esos pensamientos en oraciones y mantener una conversación fluida con Dios; una especie de adoración continua que podría llevar a una renovación continua, sin olvidar la guía continua.

5. Libros

Me encantan los libros. En *The Reformed Pastor* [El pastor renovado], Richard Baxter escribió en 1656: "Asegúrate de que en todas las familias haya libros útiles y conmovedores, además de la Biblia. Si no tienen, convéncelos para que compren libros. Si no pueden comprarlos, dales algunos, si puedes. Si no puedes, consigue que algún caballero u otra persona rica que esté dispuesta a hacer buenas obras lo haga y consigue que los lean en la noche, cuando tienen tiempo libre, y de forma especial en el día del Señor".[6] Si deseas tener nuevos pensamientos sobre Dios, lo puedes hacer leyendo la Biblia, pero también leyendo buenos libros cristianos. Siempre me ha sorprendido el hecho de que el hombre se apodera de un libro, y luego Dios utiliza el libro para apoderarse del hombre.

6. La música

Otra ventana para entrar en la adoración es la música. Muchas veces pongo un CD de música de adoración en el auto. Casi inmediatamente me hallo en un estado de adoración mientras conduzco. La adoración inmediata me guía a la renovación inmediata. Así, si eres un vendedor que va de visita en visita, un abogado que va a su declaración o un programador de computadoras en su cubículo, ponte los auriculares y disfruta de la música que te inspira a adorar y alabar. Adora a tu gran Dios.

7. Escribir un diario

Escribe tus pensamientos. ¿Con un bolígrafo o un lápiz? Personalmente prefiero escribir en la computadora. Tengo un diario anual, pero no tengo patrón ni orden. Siempre que tengo un pensamiento que creo que vale la pena registrar, lo introduzco en mi diario; esto me ayuda a aclarar mis ideas. A menudo tenemos ideas y las perdemos por completo; desaparecen para siempre. Escribirlas es una gran manera de capturar nuestros pensamientos de adoración.

8. La adoración en público (iglesia)

La adoración conjunta en comunidad hace que Dios sea más tangible. Preocuparse por los hermanos y las hermanas en Cristo honra a Dios. Richard Foster, en *Celebración de la disciplina*, tiene un capítulo sobre la disciplina de la adoración. Una de las cosas que sugiere, y que he estado realizando desde entonces, es llegar a la iglesia, mirar alrededor y encontrar a personas que tienen los hombros encorvados y, bajo la guía del Espíritu, orar por ellos. Oro por el pastor; oro por los adoradores. Oro por la experiencia. Es interesante cuánto me incentiva a adorar incentivar a otros a adorar.

9. La adoración en familia

Si estás casado, no olvides guiar a tu esposa y a tus hijos hacia la santidad y la experiencia más profundas de la adoración a Dios. Reúne a tu familia en la mañana para orar por ese día. Dedica cinco minutos y explica de qué manera Dios ha obrado en el día anterior. Pídeles, a cada uno, que te digan sus peticiones de oración. Dedica el día a la gloria y alabanza de Dios. Cuando coman juntos, no tse olvides de pedir la bendición de Dios y darle gracias. Es un ejemplo maravilloso y capta sin duda el concepto griego de la adoración: "Besar, de la manera que el perro lame la mano de su amo".

10. El trabajo

El locutor Roy Firestone en cierta ocasión entrevistó a un hombre de más de dos metros diez y ciento veinte kilos de puro músculo y atletismo, un hombre que había llevado a su equipo a repetidos campeonatos y había sido nombrado estrella principal doce veces. Era uno de los mejores hombres de la historia de la NBA.

—Tus compañeros de equipo me dicen que cada vez que entras en la pista das el 110% —dijo Firestone y añadió—: Dicen que sales, y practicas y tiras ganchos durante horas y horas y más horas. Me dicen que corres y haces carreras hasta que literalmente no puedes andar más. Dicen que en los partidos de entrenamiento vas por los balones perdidas como si fuera la final de la NBA. ¿Por qué? Eres uno de los mejores de todos los tiempos. ¿Por qué no te relajas y te lo tomas con calma?

Él dijo:

—Roy, tienes que saber algo. Cuando salgo a la pista, no voy a trabajar. Voy a adorar. ¿Cómo podría yo osar no devolver a Dios lo que me ha dado con gozo y acción de gracias? No, no voy a trabajar, voy a adorar.

Se llama Hakeem Olajuwan. Es musulmán. No es cristiano, pero, no obstante, Dios en su providencia le ha dado la noción de que nuestro trabajo tiene que ser un acto de adoración.

Asombrados ante la grandeza de Dios

La conclusión es la siguiente: la adoración es la expresión personal de sentirse asombrado ante la grandeza y la bondad de Dios. Incluye toda actividad que facilita o expresa tu comprensión de la supremacía de Dios y tu sumisión a Él. La comunicación de este concepto se limita solo en función de tu creatividad. Puedes adorar de la manera que quieras. Lo puedes hacer en público o en privado.

Recomiendo que adores a Dios cada día. Conviértelo en una costumbre. Busca oportunidades para adorarlo durante todo el día, para alabarlo, exaltarlo, reverenciarlo. Practica la adoración a Dios por todo, por cualquier discusión familiar, cualquier cliente moroso, cualquier empleado que se queja, cualquier persona que ves y saludas a diario. La adoración puede ser una palabra intimidante, pero es relativamente fácil de hacer. Simplemente, tienes que dejar que tu alma esté en contacto con Dios cada día un poco más y mejor.

Señor, cuando las cosas van muy bien, es fácil no centrarnos en tu adoración, cuando en realidad esto debería ser el verdadero motivo de adoración. Señor, cuando nos sentimos vacíos y pensamos que la vida no tiene sentido, la salida tiene que ser, sin duda, acudir a tu presencia y tener comunión contigo. Independientemente de nuestras circunstancias, la manera en que satisfacemos el hambre más profunda de nuestra alma siempre es la misma; tenemos que aprender a adorar a nuestro Creador. Señor, no sé qué quieres hacer en nuestra vida, pero sé que quieres hacer algo. Por ello te pido que nos ayudes a cada uno a responder a tus indicaciones. Ayúdanos a cada uno a seguir creciendo en la adoración a ti, el único Dios verdadero. En el nombre de Cristo. Amén.

A continuación exponemos un resumen de las diez sugerencias prácticas para la adoración. En el espacio junto a cada una de ellas, escribe "1" si, en tu caso, "siempre está presente", "2" si "a veces está presente", y "3" si "no está presente".

Ahora marca con un círculo las sugerencias en las que tengas más interés para ponerlas en práctica.

___La preparación	**___La música**
___La creación	**___Escribir un diario**
___La Biblia	**___La adoración en público**
___La oración	**___La adoración en familia**
___Libros	**___El trabajo**

Ideas principales

- En el Antiguo Testamento, la palabra hebrea para adoración significa "inclinarse o postrarse".
- En el Nuevo Testamento, la palabra griega para adoración significa "besar, de la manera que un perro lame la mano del amo".
- Nuestra respuesta a Dios dependerá en gran manera de si estamos dolidos, vacíos o felices.
- El hombre que adora correctamente ve a Dios como es, como Creador del universo. Y se ve a sí mismo como es, como creación.
- La conclusión básica es que la adoración es una expresión personal de sentirse asombrado ante la bondad y la grandeza de Dios.
- La adoración puede ser una palabra intimidante, pero en realidad es algo bastante sencillo. Permite simplemente que tu alma esté en comunión con Dios más y más cada día.

Preguntas para el debate

1. ¿Eres un hombre dolido, vacío o feliz? ¿Cómo afecta tu estado a tu capacidad para adorar?

2. Tenemos la tendencia de definir la adoración como lo que sucede el domingo en la iglesia. Pero esta definición es incompleta. Lee Romanos 12:1-2. ¿Qué te dice este pasaje sobre la adoración como estilo de vida?

3. De las diez sugerencias prácticas mencionadas, ¿cuál te gustaría explorar con más profundidad?

4. Pon un ejemplo de algo que puedas hacer hoy o mañana que constituya un acto de adoración. ¿Qué plan tienes?

5

EL HOMBRE Y EL DÍA DE REPOSO

AVANCE

En este capítulo, responderemos tres preguntas referentes al día de reposo:

- **¿Cuál es el significado del día de reposo?**
- **¿El día de reposo es tan solo una exigencia legalista?**
- **¿El día de reposo es para hoy o solo es una idea del Antiguo Testamento?**

Juan miró el reloj. La reunión se estaba alargando mucho más de lo previsto. Se pasó el dedo por el cuello de la camisa para aflojar la presión, mientras miraba irritado a las personas sentadas a su izquierda y su derecha. Necesitaba irse. Tenía unas cuantas fechas límite para acabar tareas, que se acercaban rápidamente. ¿Cómo iba a conseguir terminarlo todo?

Juan había trabajado por lo menos diez horas diarias durante nueve días seguidos. Todavía estaba atando cabos sueltos. Un día más, y tendría que tenerlo todo listo. Golpeaba la mesa con el dedo mientras se sentaba en el extremo de la silla. Finalmente, el líder del grupo dijo: "Bien. Se levanta la sesión".

Juan salió rápidamente de la sala y se dirigió a su despacho. "Tu esposa por la línea dos" —dijo su asistente, mientras él pasaba rápidamente delante de su mesa.

—Hola, ¿qué quieres? —refunfuñó mientras se ponía al teléfono.

—Me preguntaba si vendrías a cenar.

—Me parece que no.

—Ya hace una semana entera que no vienes —suspiró su mujer—. Los niños están empezando a olvidarse de cómo eres.

—No puedo evitarlo —gruñó él—. Tengo que irme.

Juan revisó el correo electrónico. Dos mensajes del departamento de operaciones solicitaban más información concreta sobre un pedido que él quería que hicieran. "¡Qué estúpidos que son! —murmuró—. ¿No pueden encontrar los detalles solos?".

Juan está navegando en aguas peligrosas. Podemos acuñar una nueva expresión: sufre de lo que llamaríamos *disfunción del intervalo de reposo*. Su vida está desequilibrada, y necesita un descanso. Necesita un día de reposo.

¿Qué es el día de reposo?

La palabra *sabbat* —generalmente traducida por "día de reposo"— significa "cesar la actividad o descansar". La palabra *sabático* viene de esta raíz. Durante siglos ha habido una controversia virulenta sobre el mandamiento del día de reposo, mientras los teólogos y los supuestos teólogos discutían si se relaciona con un día concreto de la semana, y si hay actividades concretas permitidas mientras otras son descartadas. Pero para el objetivo de este capítulo, solo quiero aclarar este punto: todos tenemos la responsabilidad y el derecho o privilegio de disfrutar de intervalos regulares de descanso.

Observa lo que dice la Biblia en Deuteronomio 5:12-15. Este pasaje se halla en medio de los Diez Mandamientos, de hecho, es el cuarto mandamiento y el más largo. Dice:

> "Guardarás el día de reposo para santificarlo, como Jehová tu Dios te ha mandado. Seis días trabajarás, y harás toda tu obra; mas el séptimo día es reposo a Jehová tu Dios; ninguna obra harás tú, ni tu hijo, ni tu hija, ni tu siervo, ni tu sierva, ni tu buey, ni tu asno, ni ningún animal tuyo, ni el extranjero que está dentro de tus puertas, para que descanse tu siervo y tu sierva como tú. Acuérdate que fuiste siervo en tierra de Egipto, y que Jehová tu Dios te sacó de allá con mano fuerte y brazo extendido; por lo cual Jehová tu Dios te ha mandado que guardes el día de reposo".

Desde el punto de vista bíblico, el día de reposo tiene su propósito. Sin duda alguna, es para descansar y reposar. Pero también es para recordar. Es un día apartado, reservado. No trabajamos ni hacemos trabajar a otros. Esto es el día de reposo del Antiguo Testamento.

Compara este pasaje de Deuteronomio con este de Éxodo 23:12, que dice: "Seis días trabajarás, y al séptimo día reposarás, para que descanse tu buey y tu asno, y tome refrigerio el hijo de tu sierva, y el extranjero".

En estos dos pasajes, vemos que el día de reposo es un hermoso regalo de Dios para sus hijos. Él ha hecho que sea legal tener un día a la semana reservado para el descanso.

Se dice de los comerciantes ambulantes ingleses que afirmaban que, cuando dejaban descansar a sus asnos un día a la semana, estos eran capaces de llevar su carga cincuenta kilómetros al día. Pero cuando los hacían trabajar todos los días de la semana, solo sacaban un promedio de veinticinco. ¡Y tenían un aspecto deplorable! Dando un descanso de un día por semana a los asnos, no solo doblaban la producción, sino que además los animales estaban sanos y felices. Sin duda, pasa lo mismo con los seres humanos.

¿Por qué deberíamos honrar el día de reposo como una disciplina espiritual?

Para algunos de nosotros, auténticos trabajadores fuertes del siglo XXI, el descanso exige realmente un acto de disciplina. No es una respuesta natural. Nos sentimos más cómodos trabajando e involucrados en alguna actividad. Pero Dios pensó que era importante que el descanso formara parte de sus mandamientos cruciales. ¿Por qué tenemos que prestar atención a este hecho? Veo por lo menos cuatro razones para practicar la disciplina del día de reposo:

1. *El día de reposo forma parte del cristianismo ortodoxo.* Se incluye en los Diez Mandamientos: la legislación más importante jamás recopilada. Ayuda a formar el fundamento de la cultura occidental.

2. *El día de reposo expresa nuestra confianza en la provisión de Dios.* Nuestra obediencia comunica que nuestra fe está en Dios, no en nosotros. Al descansar decimos: "Creo que el Señor cuidará de mí. No tengo que estar siempre luchando. Puedo confiar en Él".

3. *El día de reposo nos protege de nosotros mismos.* Hace muchos años, se dijo que, cuando los franceses dejaron de observar el día de reposo, aumentó el índice de suicidios. Durante ese tiempo, este índice en París se dice que fue el más alto de todas las ciudades del mundo cristiano. El trabajo constante nos lleva al agotamiento, nos pone los nervios de punta y nos desequilibra.

4. *El día de reposo se entiende mal, se abusa de él y, a menudo, se descuida.* Ya sea cortar el césped, ir de compras o simplemente hacer muchas tareas, hay muchas personas que no se relajan el fin de semana. Muchos hombres que sí se relajan dejan a Dios de lado ese día de recreo. A menudo hacen caso omiso de sus familias. Un estudiante, que intentaba resaltar el abandono del día de reposo en nuestra generación, escribió un folleto satírico titulado: "Creo en nueve de los Diez Mandamientos". Este título tal vez te haga sonreír, pero piensa por un momento en sus implicaciones.

Supongamos que no reconoces la provisión de Dios del día de reposo. Supón que sigues trabajando. O, cuando no trabajas, eres absorbido totalmente por tus aficiones o deportes, o estás sentado vegetando mirando el canal deportivo. Haces "cosas normales" como otros hombres. No hay nada de malo en esas actividades, pero ¿qué pasa si esto es todo lo que haces todo el tiempo?

¿Qué pasa con tus relaciones familiares? Se enfrían y desintegran. Será así en tu familia natural y en la espiritual.

Aquí tenemos la conclusión: el hombre que no honra el día de reposo, que no invierte tiempo celebrando su lugar en la familia de Dios, sucumbirá al estrés. Se hallará espiritualmente aislado de Dios y de otras personas. Tomará decisiones poco acertadas. Y la iglesia será más débil debido a su ausencia.

Hay que admitir que no siempre es fácil negarse a trabajar un día de cada siete. Por este motivo, es una disciplina, algo que se integra en nuestro estilo de vida a través de la práctica. Dios legalizó un día de reposo. Si trabajas un domingo de vez en cuando, no pasa nada, pero si cada domingo por la noche dedicas una o dos horas compulsivamente a planificar la semana laboral, tendrás que revisar tu compromiso con la observación del día de reposo. Si sientes que no podrás vivir sin ese día, tal vez tengas que preguntarte si estás confiando en Dios. Si la respuesta es que "no", pregúntate de qué tienes miedo.

Vivir un compromiso con el día de reposo

En el principio...

Algunas personas piensan que el ideal del día de reposo es una influencia del Antiguo Testamento. Probablemente, no saben que el día de reposo es anterior a la ley. Génesis 2:2 nos dice que Dios incorporó el día de reposo en la creación, cuando trabajó seis días y luego "el séptimo día reposó".

Dios creó la idea de la semana de siete días, con un día reservado para el descanso. El ciclo de siete días no se corresponde con nada más, ni el ciclo lunar, ni ningún ciclo de estrellas. Nace en la ordenanza de la creación.

La ley moral de Dios

Además, el Nuevo Testamento no eliminó toda la ley del Antiguo Testamento. Sin duda, Colosenses 2:14 nos dice que Jesús "anuló el código escrito". Lo dice así: "quitándola de en medio y clavándola en la cruz". Pero en el contexto, tengamos en cuenta que el Antiguo Testamento incluye tres tipos de ley:

1. *La ley ceremonial*, que consta de rituales.
2. *La ley judicial*, que consta de normas y consecuencias que rigen la conducta personal y social.
3. *La ley moral*, que consta de mandamientos que siempre han sido y siempre serán correctos. Los Diez Mandamientos, incluido el relacionado con el día de reposo, pertenecen a esta última categoría. Las leyes ceremoniales y judiciales fueron revocadas por medio de la vida, muerte

y resurrección de Cristo. Pero la ley moral de Dios permanece. Estos principios se repiten por todo el Nuevo Testamento, porque explican y reflejan el carácter de Dios.

Jesús enseñó extensivamente sobre la ley moral, incluido el día de reposo. En Marcos 2:28, por ejemplo, dijo: "el Hijo del Hombre es Señor aun del día de reposo". Esto lo constituye en gran manera una parte del Nuevo Testamento.

Así, el principio del día de reposo se aplica a nuestro mundo contemporáneo. Incluso entre los que aceptan este punto de vista, se considera el domingo, o el día de reposo, con perspectivas diferentes. Algunos lo consideran un día de familia. Otros lo consideran el "día del deporte", cualquier deporte que esté en actividad en la temporada. Otros lo consideran un día de diversión, reservado para el recreo personal o familiar. Otros incluso piensan en el domingo como "mi día"; todos los otros días pertenecen a mis acreedores, pero el domingo es mi día, y no quiero que nadie interfiera en él. Estas personas se levantan el domingo, dan media vuelta, se toman una tercera taza de café, leen el periódico y van a la iglesia si les apetece.

El día del Señor

Sin embargo, la Biblia dice que es el día del Señor. A Dios no le interesa tanto el comportamiento exterior, excepto cuando revela lo que sucede en el corazón. Así, pues, piensa en cómo pasas tus días de reposo. ¿Estás tan cansado el lunes que casi no puedes moverte? Si es así, sufres la disfunción del intervalo de reposo. Si te cansas tanto el domingo que el lunes estás cansado, ¿puedes afirmar que estás honrando el día de reposo?

También hay ideas diferentes sobre el tipo de actividades permitidas el domingo (el día que más personas consideran el día de reposo). Cuando mis hijos eran pequeños, íbamos a cenar fuera cada domingo. Era una manera de tener a la familia junta al acabar el fin de semana. Y pensábamos que guardábamos el día de reposo.

Luego de un tiempo, mi hija se fue a trabajar para un ministerio cristiano. Una noche llamó, y no estábamos en casa. Cuando conseguimos hablar, me preguntó dónde habíamos ido. Acabábamos de regresar de nuestra cena del domingo. Dijo que había estudiado el día de reposo, y no estaba segura si quería seguir comiendo fuera los domingos. Dijo que era un asunto de su propia conciencia, porque el hecho de ir a cenar obligaba a las personas del restaurante a trabajar.

Yo respondí:

—De todas maneras, tendrán que trabajar. Entonces, ¿por qué no ir?

Ella respondió:

—Sí, lo sé. Pero me molesta contribuir al hecho de que otros tengan que trabajar. No volveré a comer fuera el domingo.

Este hecho empezó a afectarme. La simple verdad es que, si se miran los Diez Mandamientos con cierta perspectiva, se obtiene una larga lista de pequeñas cosas que hay que hacer y cosas que no. Si se mira desde la perspectiva de Cristo, se entiende que Jesús se interesa por tu actitud. Él nos da una gran libertad.

Así, mi esposa y yo salimos a comer un domingo de vez en cuando, pero ya no es nuestro hábito, es nuestra elección. Otras personas pueden decidir comer fuera el domingo. También está bien. No veo ninguna lista de "normas". El punto principal sobre el día de reposo es la actitud. ¿Lo estás enfocando como Dios lo diseñó?

Por cierto, mi hija fue después al seminario para obtener una licenciatura en estudios teológicos y consejería. Cuando le pedí permiso para usar esta historia, me dijo: "¿Sabes? Desde que he ido al seminario, estoy más de acuerdo con tu posición sobre el día de reposo". De nuevo, se trata de no abusar de nuestra libertad.

Si durante la semana tienes un trabajo físico, tal vez el domingo sea un buen día para la siesta. Si tu trabajo es sedentario, tal vez quieras hacer ejercicio por la tarde. Esto puede ser una forma perfectamente aceptable de reservar el día. La clave está en el equilibrio.

En mi libro *Discipleship for the Man in the Mirror* [Discipulado para el hombre en el espejo], hay una tabla como la siguiente:

<••>

Ley **Libertad** **Libertinaje**

Evidentemente, la ley y el libertinaje son extremos inapropiados. La libertad es el punto de equilibrio. La respuesta bíblica adecuada es hallarse en algún punto cercano a la libertad que tenemos por la gracia y que produce verdadera liberación.

Sugerencias para practicar la disciplina del descanso del día de reposo

Nuestro objetivo general cuando se trata de honrar el día de reposo es aplicar la sabiduría espiritual y hallar el lugar de la libertad. Si sufres un poco de disfunción del intervalo de reposo, ten en cuenta estas sugerencias.

Empieza el día con el Padre

Recuerda que el día de reposo es un día reservado por Dios para el descanso, y Él presta atención a la actitud de nuestros corazones. Teniendo esto en cuenta, aquí vemos cómo podría ser un día de reposo: despiértate a la hora normal, pero no salgas de la cama de inmediato. Quédate en cama quince o veinte minutos más para orar. Da gracias a Dios por el día de reposo y piensa en este día como un día especial en la administración divina. Agradécele que haya hecho que sea legal reservarlo para el reposo.

Luego piensa en la razón de un día de reposo: Dios quiere que sea santo. Quiere que recordemos. Quiere que adoremos. Quiere tener comunión con nosotros. El día de reposo significa pasar tiempo con Dios.

Después de levantarte de la cama, puedes tener un tiempo devocional personal. Es un buen momento para repasar la semana y dar gracias a Dios por su protección y provisión. En mi caso, suelo recordar algunas cosas que no terminé y también oro por ellas. Luego oro por la semana siguiente. Pídele a Dios que te cuide, que te dé su favor y te bendiga, que te guíe, que te dé sabiduría ¡y sabiduría también para tus seres queridos!

A continuación, puedes separar el dinero que darás para la obra de Dios, el diezmo. Considera el dinero que entró en la casa durante la semana y calcula cuánto vas a dar. Antes de salir de casa para ir a la iglesia, extiende el cheque; y luego ora y ofrece a Dios un sacrificio de alabanza.

Cuando entres en la iglesia, piensa en las necesidades de los que están a tu alrededor. Incluso antes de salir de casa, pienso en hermanos y hermanas de la congregación que están dolidos. Cuando llego a la iglesia, puedo mirar alrededor buscando a alguien con los hombros caídos o alguien solo en un rincón sin hablar con nadie. Oro por esas personas. Algunas veces me acerco y entablo conversación con alguien.

Asegúrate de que adoras a Dios cuando cantas. Cuando los creyentes cantan en la iglesia, me dejo llevar. Adoro a Dios. No me preocupo por lo que están pensando las personas a mi alrededor sobre mi manera de cantar. Estoy cantando para Jesús y para mi Padre, por el Espíritu Santo. Cuando se acaba la ceremonia de la iglesia, me gusta tener un poco de comunión con las personas.

Relájate el resto del día

Disfruta de la comida; hoy tienes tiempo. Como ya dijimos, puedes comer en casa o fuera, según Dios te guíe.

Según cómo me siento después de la comida, tal vez me apetezca una siesta o ver los deportes en la televisión. Como leo y estudio durante toda la semana, el domingo me gusta no concentrarme. Luego, al atardecer, ceno con mi esposa en casa y pasamos un rato hablando sobre nuestra vida. Ve a la cama a una hora razonable para estar preparado para el lunes. Normalmente, voy a la cama temprano para no levantarme con disfunción del intervalo de reposo el lunes por la mañana.

Así paso la mayoría de domingos y, en líneas generales, creo que he encontrado el equilibrio entre la ley y el libertinaje. También participo en carreras de autos deportivos, por lo tanto, una semana al mes me despierto en una pista de carreras, aunque sigo encontrando tiempo para adorar y orar. A veces celebramos una ceremonia religiosa en la pista. He encontrado la libertad. Tú también puedes, pero precisarás de disciplina hasta que se convierta en un hábito.

Ejercicios espirituales sugeridos

- Prepárate para ir a la iglesia de un modo diferente. En lo posible, incluye a su familia.
- Dedica un tiempo al "día de reposo" cada día. Tal vez ya lo estés haciendo; una taza de café en la tranquilidad de la mañana, comentar el día con tu esposa o una siesta al mediodía. Puede ser tan sencillo como pensar de forma diferente sobre algo que ya estás haciendo.

Padre, el día de reposo es un hermoso don. Nos has dado el día de reposo como un derecho legal. También es una responsabilidad. Por favor, da a cada uno de nosotros la sabiduría para entender que guardar el día de reposo nos afectará el lunes por la mañana y durante toda la semana. En cuanto a los que sufren la disfunción del intervalo de reposo, ayúdalos a mirar en sus corazones y ver si la manera en que observan el día de reposo contribuye al problema. En cuanto a los que son legalistas, ayúdalos a ver el día de reposo en libertad; y en cuanto a los que han decidido hacer caso omiso de este día, ayúdalos a pensar con justicia y alcanzar esa libertad que tu liberación produce. Oramos en el poder y en el nombre de Jesús. Amén.

Ideas principales

- Dios ha hecho que sea legal reservar un día a la semana para el reposo.
- Todos tenemos la responsabilidad, y también el derecho o privilegio, de disfrutar de intervalos regulares de descanso.
- El hombre que no honra el día de reposo, que no invierte tiempo en la celebración de su lugar en la familia de Dios, sucumbirá al estrés.
- Dios creó la idea de la semana de siete días, con un día reservado para el reposo.
- Si tienes un trabajo físico durante la semana, tal vez el domingo sea un buen día para la siesta.
- Doy gracias a Dios por el día de reposo y creo que es un día especial en la administración divina.

Preguntas para el debate

1. Describe un día de reposo memorable ¿Por qué razón fue tan especial?

2. ¿Por qué reservó Dios un día para el reposo según Éxodo 23:12 y Deuteronomio 5:12-15?

3. ¿Es el día de reposo para hoy? Consulta Mateo 5:17-19: ¿De qué tipo de ley está hablando Jesús (ceremonial, judicial, moral)? Lee Marcos 2:28. ¿Qué relación hay entre Jesús y el día de reposo? ¿Hay alguna razón bíblica para reducir los Diez Mandamientos a nueve? ¿Qué implicaciones tiene para ti?

4. ¿Qué pasa cuando los hombres no reservan un día como día de reposo ni lo santifican? ¿Qué pasa cuando los hombres piensan en el domingo (o el sábado) como "mi día", "un día de trabajo", "un día de entretenimiento", "un día de deporte" o incluso "un día de familia"?

5. El día de reposo es un hermoso don de Dios para tus hijos. ¿Por qué no diseñas un plan concreto para recibir este domingo como un hermoso regalo para ti y para tu familia?

6

EL HOMBRE Y LA COMUNIÓN

AVANCE

En este capítulo, veremos por qué necesitamos relacionarnos con otros creyentes y, más concretamente, por qué necesitamos comunión en grupos pequeños. Para ello:

- **Examinaremos nuestra necesidad de ánimo y exhortación.**
- **Observaremos situaciones en las que podemos "llenar los vacíos los unos de los otros" como miembros del cuerpo de Cristo.**

En ciertos aspectos, los hombres son como las secuoyas. Las secuoyas crecen durante milenios, algunas tienen dos mil años. Pueden medir más de 100 metros, pero sus raíces normalmente solo descienden de un metro y medio a seis debajo de la superficie. ¿Cómo aguantan estos monstruos gigantescos las tormentas y los fuertes vientos? Crecen juntos unos con otros y entrelazan sus raíces. Resumiendo, se mantienen fuertes porque están juntos.

En el mundo actual, los hombres tienen con frecuencia una mentalidad independiente de vivir "cada uno en lo suyo". No obstante, como las secuoyas, veremos que es más fácil permanecer fuertes cuando estamos juntos. Muchas disciplinas espirituales requieren soledad, pero eso no significa que siempre sea bueno que estemos solos.

Cuando hacemos un esfuerzo consciente e intencionado para consolidar relaciones con otros hombres que también están intentando seguir a Jesús incondicionalmente, estamos practicando la disciplina espiritual de la comunión. Los hombres que se abren con honestidad a otros hombres con ideas afines encuentran apoyo y ánimo en las tormentas de la vida. No es que a las personas tristes les guste la compañía triste. Más bien se trata de "sé que Dios es real porque lo puedo ver en ti".

¿Qué es la comunión?

Algunos hombres son reticentes a la comunión. No parece ser una necesidad masculina. Veamos, pues, algunos sinónimos: *amistad*, *asociación*, *reunión*, *camaradería*, *construir* y *fomentar relaciones*, *hermandad*, *salir* y *encontrarse*. De pronto ya no suena tan mal.

Una necesidad interior profunda

La necesidad de relacionarnos está arraigada profundamente en todos nosotros. Génesis 2 dice que antes de que Dios creara a Eva, puso a Adán en un jardín y le dio la responsabilidad de cuidar de él con instrucciones precisas. Pero luego Dios comentó: "No es bueno que el hombre esté solo" (v. 18). Sabemos que el Señor creó a Eva como ayuda y compañera. Y es cierto que, para los que estamos casados, nuestra relación terrenal más íntima tiene que ser con nuestra esposa. Sin embargo, nuestra necesidad de relación también se extiende más allá del matrimonio. Por ejemplo, Hebreos 10:25 dice: "no dejando de congregarnos, como algunos tienen por costumbre, sino exhortándonos" (hablaremos más de este texto en las siguientes páginas). Y, si damos un paso más, Proverbios 18:24 dice: "...y amigo hay más unido que un hermano". En resumen, no fue la intención de Dios que el hombre luchase solo contra los retos de la vida. Nos necesitamos unos a otros.

Las Escrituras desarrollan este tema cuando comparan la Iglesia con el cuerpo humano. En 1 Corintios 12:12 leemos: "el cuerpo es uno, y tiene muchos miembros, pero todos los miembros del cuerpo, siendo muchos, son un solo cuerpo".

La palabra *cuerpo* en griego se usa de muchos modos distintos, pero aquí básicamente significa *comunidad*. Este pasaje dice que la comunidad es una unidad, aunque consta de muchos miembros. Toda asamblea de cristianos es una reunión del "cuerpo". El siguiente versículo dice que somos todos bautizados por un solo espíritu en un solo cuerpo, prescindiendo de nuestra etnia o nuestro estado socioeconómico.

Somos un solo cuerpo que tiene muchos miembros diferentes y nos necesitamos unos a otros para funcionar de forma eficaz. Lo puedes ver en los versículos 15-20, donde dice:

> "Si dijere el pie: Porque no soy mano, no soy del cuerpo, ¿por eso no será del cuerpo? Y si dijere la oreja: Porque no soy ojo, no soy del cuerpo, ¿por eso no será del cuerpo? Si todo el cuerpo fuese ojo, ¿dónde estaría el oído? Si todo fuese oído, ¿dónde estaría el olfato? Mas ahora Dios ha colocado los miembros cada uno de ellos en el cuerpo, como él quiso. Porque si todos fueran un solo miembro, ¿dónde estaría el cuerpo? Pero ahora son muchos los miembros, pero el cuerpo es uno solo".

Sin duda, podemos ver la sabiduría de este pasaje en el mundo físico. ¿Te gustaría que tu cuerpo fuera solo una gran oreja? Podrías oír los susurros de una persona a dos kilómetros, pero nunca verías la sonrisa de un bebé. Nunca probarías un bocadillo de salchicha italiana. Nunca olerías bollos frescos de canela. No podrías nunca bajar al salón. No podrías nunca acariciar a tu perro.

Nos necesitamos para sobrevivir

Apliquemos ahora esta idea al cuerpo cristiano. ¿Nunca te has preguntado algo como: "¿Por qué no puedo tener un corazón de servidor como Jaime?" o "¿Por qué no animo a otras personas como lo hace Pedro?" o "¿Por qué miro a otro lado cuando piden voluntarios para preparar las mesas, mientras que Esteban va directamente a las mesas?"? Todos tenemos diferentes papeles que desempeñar en este cuerpo. Dios nos hizo de esa manera a propósito, para que nos necesitemos los unos a los otros para sobrevivir como cuerpo.

Volvamos al pasaje anterior en el versículo 21, donde dice: "Ni el ojo puede decir a la mano: No te necesito, ni tampoco la cabeza a los pies: No tengo necesidad de vosotros". ¿Entiendes por dónde va? El pasaje sigue diciendo: "los miembros del cuerpo que parecen más débiles, son los más necesarios" (v. 22). Si no crees que sea cierto, intenta caminar sin un dedo pequeño del pie. O intenta girar el pomo de la puerta sin el dedo meñique.

El apóstol Pablo sigue hablando del hecho de que las partes menos dignas acaban recibiendo un tratamiento con honor especial. Y explica que la modestia nos hace tapar ciertas partes, mientras que otras no necesitan tratamiento especial. Luego dice: "Dios ordenó el cuerpo, dando más abundante honor al que le faltaba, para que no haya desavenencia en el cuerpo, sino que los miembros todos se preocupen los unos por los otros. De manera que si un miembro padece, todos los miembros se duelen con él, y si un miembro recibe honra, todos los miembros con él se gozan" (vv. 24-26).

Esto es lo que tiene que pasar con la comunión. Nunca fue la intención de Dios que alguien viviera su cristianismo como un "llanero solitario". Cuando vivimos en relación con otros creyentes, aceptamos nuestro lugar en el cuerpo. La gran verdad es: yo te necesito a ti, y tú me necesitas a mí.

¿Por qué tenemos que practicar la comunión como una disciplina espiritual?

En su sabiduría, Dios no le ha dado a ninguno todo lo que necesita para seguirlo con éxito. En cambio, eligió darnos los unos a los otros. Yo tengo vacíos, y tú también los tienes, pero de acuerdo con el plan de Dios, cada uno llena el vacío del otro. Este es el orden cósmico.

Hace varios años, un amigo mío llamado Isaac me dijo que llamaba a su anciana madre cada día. Recuerdo que pensé que *yo nunca podría hacer algo así*. Luego mi madre tuvo cáncer y empecé a llamarla cada día. Murió, y mi padre se sentía muy solo. La echaba de menos. ¿Por qué? Porque en su sabiduría, Dios no le dio a cada ser humano todo lo que necesita. En cambio, eligió darnos los unos a los otros. Así empecé a llamar a mi padre cada día.

Ninguno de nosotros es un cuerpo entero. Somos miembros indispensables los unos de los otros. Juntos somos un cuerpo. Nos necesitamos. Llenamos los vacíos los unos de los otros.

Mi amigo Tom Skinner (en la actualidad con el Señor) solía decir: "La fuerza más potente del mundo es una relación". Y las relaciones cristianas son únicas, porque se basan en el fundamento del amor cristiano. Tenemos un vínculo especial que produce una comunión especial que atraviesa las barreras tradicionales. Cuando, por ejemplo, viajamos, estamos en otra ciudad o en el avión o el taxi, intentamos empezar una conversación con alguien, pero hay una distancia entre la otra persona y nosotros. Sin embargo, cuando descubrimos que la otra persona también es creyente, ¿qué pasa? ¡Comunión instantánea! Tenemos una conexión, porque nuestra parte se relaciona con la parte de la otra persona, y las dos partes forman un todo.

Vivir comprometidos con la comunión

Sin duda, todos hemos experimentado otros niveles inferiores de comunión: un equipo de deporte, un club o incluso una pandilla. Pero consideremos ahora otro pasaje de las Escrituras para ver cómo tendría que ser la comunión bíblica. Hebreos 10:24 dice: "Y considerémonos unos a otros para estimularnos al amor y a las buenas obras". *Estimular* también puede significar "provocar, retar o inspirar".

A veces este tipo de reto es difícil de aceptar. No nos gusta admitir que no lo hacemos todo bien. En algún punto, probablemente todos nos retiremos. Decimos: "No formo parte de este cuerpo. Soy un agente libre. Me dedico a mis cosas". Si hacemos esto durante suficiente tiempo, nos secaremos y nos convertiremos en un montón de polvo, porque nos necesitamos los unos a los otros.

Por lo tanto, el siguiente versículo de este pasaje dice: "no dejando de congregarnos, como algunos tienen por costumbre, sino exhortándonos; y tanto más, cuanto veis que aquel día se acerca".

El resumen de Hebreos 10:24-25 es que la comunión cristiana está diseñada para estimular. El plan de Dios es que nos *exhortemos* los unos a los otros y *animemos* los unos a los otros.

1. Nos exhortamos los unos a los otros.

Hace unos años, estaba hablando con un hombre que asistía a mis estudios bíblicos. Descubrí que llevaba bastante tiempo sin trabajo. Pasamos media hora al teléfono hablando sobre opciones diferentes. Durante la conversación, descubrí que, en su desaliento, se dormía por las mañanas. No iba a entrevistas de trabajo. No estaba buscando agresivamente un nuevo empleo. Le dije:

—Permíteme preguntarte algo: ¿Qué quieres? ¿Quieres un abrazo o una patada?

Él lo admitió:

—Lo que realmente necesito es la patada.

—Si quieres, te haré responsable. Llámame mañana a las cuatro de la tarde para decirme cuántas entrevistas ya tienes programadas.

A veces, incluso cuando nos sentimos deprimidos, lo que realmente necesitamos es a alguien que nos *exhorte* y nos estimule.

Tal vez algunos de ustedes hayan recaído recientemente en un mal hábito. O tal vez estés dudando entre dos opciones en un dilema moral. O, en un nivel realmente básico, te has pasado la semana peleándote con tu esposa. Es probable que no puedas resolver ese problema si no te abres a alguien y admites que tienes un "vacío". Esta norma tiene excepciones, pero, por lo general, probablemente no necesites en realidad a alguien que simpatice contigo, para que te diga: "Oh, siento tanto que le hayas gritado a tu esposa. Oh, pobrecito". No, tú necesitas una patada. Necesitas una exhortación de la vida real. Las Escrituras dicen que esto forma parte de lo que significa tener comunión bíblica.

2. Nos animamos los unos a los otros.

A veces necesitamos el tipo de confrontación que acabamos de tratar. Pero otras veces necesitamos consuelo y ánimo. El ánimo también tiene que figurar en la agenda de la comunión bíblica. Es el alimento del corazón, y todos los corazones tienen hambre. Puede suceder de forma intencionada o no.

Hace unos años, mi esposa me dio un regalo de cumpleaños interesante. Dijo que no quería comprarme una motocicleta. En cambio, me dio una planta. Me dijo: "A cambio puedes tener esta *Harley-dendra*". (Nadie sabe de qué tipo de planta se trata).

Tal vez te sorprendas, pero me encanta esa planta, y he conseguido mantenerla viva durante mucho tiempo, porque la puse en un lugar en el cual puedo tener contacto regular con ella. Observo su situación con regularidad. Cuando parece que tiene sed, le doy agua. Por desdicha, a veces no me doy cuenta de que tiene sed hasta que se está marchitando.

La "Harley-dendra" significa mucho para nosotros. Tal vez puedas identificarte. Te estás marchitando y necesitas el agua del ánimo. La mejor opción es beber agua regularmente y no esperar a marchitarse. ¡Pero será difícil si no hay nadie a tu lado que te ofrezca un vaso de agua!

Permíteme explicarte una anécdota sobre un momento concreto de mi vida. Yo no sabía que necesitaba agua. No me estaba marchitando. Una joven del trabajo dio testimonio sobre cómo Dios había obrado en su vida. Me sentí abrumado al escuchar la historia de un padre que la había abandonado. Se crió en un hogar roto, pero explicó cómo Dios había redimido todo eso y lo había usado para bien.

Ella tenía veinticuatro años. En aquel tiempo, mi hija tenía veintiséis años y estaba preparándose para casarse. Mientras escuchaba me sentí impresionado por la gracia de Dios conmigo y con mi hija. Me di cuenta de que, de no haber sido por la gracia del Señor, yo podría haber sido fácilmente como aquel otro padre.

Y tú, ¿cuán cerca has estado de abandonarlo todo? O tal vez lo has dejado todo ya. ¿Has visto a Dios redimir la situación y enseñarte su gracia, incluso en medio de tu rebelión?

En mi caso, abandoné la escuela secundaria. Un hermano mío murió de sobredosis de drogas y alcohol. Otro hermano es un alcohólico en proceso de rehabilitación. Otro hermano ha estado luchando toda la vida con el desempleo.

Me parece que todos podemos imaginarnos dónde podría haber acabado yo sin la intervención de Dios. Pero Él redimió mi situación y, cuando oí la historia de esa joven, recordé la gracia y la misericordia del Padre. Recibí el agua del ánimo. Esto también forma parte de lo que significa tener comunión bíblica.

¿Cómo puedo saber que Jesús está vivo? Porque lo veo en ti. ¿Cómo puedo saber que Jesús realmente me ama? Porque tú me amas realmente. Nadie es completo, pero juntos formamos una pieza entera. En su sabiduría, Dios no le ha dado a ninguno todo lo que necesita. En cambio, eligió darnos los unos a los otros.

Sugerencias para practicar la disciplina de la comunión

1. Intégrate en un grupo de hombres o inicia uno.

Muchos hombres no buscan de forma natural relacionarse con otros. A menudo se centran más en las tareas y la responsabilidad. Pero Dios quiere que vivamos en comunidad con otros creyentes. Para algunos de nosotros, esto nos exigirá un acto de voluntad. Tendremos que buscar intencionadamente relaciones con otros hombres cristianos.

Te reto a que lo hagas. Rodéate de personas que te pidan cuentas. A veces necesitarás escuchar: "¿Quieres un abrazo o una patada?". Encuentra amigos que te den la patada necesaria por medio de la exhortación, o que te animen y fortalezcan cuando necesites ánimo. Puedes encontrar a estos amigos en la iglesia, o entre los amigos cristianos en el trabajo o en un grupo que se reúne para un interés concreto. En mi vida, los he encontrado por todas partes, pero tú no los verás hasta que los busques. Así, pues, incorpora esta disciplina en tu vida y deja que las personas llenen tus vacíos, mientras tú llenas los de ellos.

2. Intégrate en un grupo de estudio bíblico para hombres.

Una vez alguien preguntó a Billy Graham: "¿Cuál sería tu plan de acción si fueras un pastor en una iglesia grande en una ciudad importante?".

Hubiera pensado que el Sr. Graham habría diseñado un plan evangelístico masivo para conquistar la ciudad. En cambio, Robert

Coleman explica en *The Master Plan of Evangelism* [El plan maestro de la evangelización] que Graham respondió: "Creo que una de las primeras cosas que haría sería encontrar a un pequeño grupo de ocho, diez o doce hombres a mi alrededor que quisieran reunirse unas cuantas horas por semana y estuvieran dispuestos a pagar el precio. Les costaría algo en tiempo y esfuerzo. Compartiría con ellos todo lo que tengo, durante algunos años. Entonces tendría a doce ministros entre los hombres laicos que a su vez tomarían ocho, o diez o doce más para enseñarles".[1]

No es una mala idea. Se ha aplicado antes con éxito (sonrisa).

3. Involúcrate con las personas de tu iglesia.

La oveja que el lobo persigue es la que se ha separado del rebaño. No te separes de tu rebaño. Si no estás en una iglesia, ¿cuál es la razón? Es totalmente bíblico estar en una iglesia, y es totalmente insensato no estar en una iglesia. Además, hay muchos encuentros enriquecedores y reconfortantes que se dan y se reciben cuando nos reunimos regularmente con otros creyentes cristianos. No intentes ser un cristiano "llanero solitario".

Ejercicios espirituales sugeridos

- Infórmate y ve qué tipo de grupos pequeños de hombres hay en tu iglesia. Pregunta si puedes visitar a alguno sin compromiso como observador durante algunas semanas. Si quieres, intégrate en un grupo o inicia uno.

- Pide a tres hombres que acepten el reto de *rendir cuentas durante tres semanas*. Piensa en otros tres hombres con los que creas que eres compatible. Pídales que lean el artículo "Cómo tener una relación de rendición de cuentas", que se puede leer o descargar en https://maninthemirror.org/2013/09/16/spanish-a-look-in-the-mirror-009/. Luego, comprométanse a reunirse durante tres semanas. Sigue o adapta la guía del artículo. Al cabo de tres semanas, reevalúen. Si alguien no quiere seguir, encuentra a otro que ocupe su lugar.

Padre nuestro, cuando observamos la Trinidad, vemos que tiene una íntima relación: Padre, Hijo y Espíritu Santo. ¡Qué comunión debe haber entre ustedes! Señor, oramos para que nos ayudes a entender nuestra necesidad de comunión, y que practiquemos este hábito incluso cuando no tenemos ganas de hacerlo, especialmente cuando nos estamos marchitando. Ayúdanos a beber de la amistad que podemos ofrecernos los unos a los otros. Te lo pedimos en el poder y el nombre de Jesús. Amén.

Ideas principales

- Al igual que las secuoyas, nos resultará más fácil ser fuertes cuando estamos juntos.
- Sé que Dios es real porque lo puedo ver en ti.
- Todos nosotros tenemos papeles diferentes que desempeñar en este cuerpo. Dios nos diseñó así a propósito, para que nos necesitásemos los unos a los otros para sobrevivir como un cuerpo.
- En su sabiduría, Dios no le ha dado a cada ser humano todo lo que necesita para seguirlo con éxito. En cambio, eligió darnos los unos a los otros.
- ¿Cómo sé que Jesús está vivo? Porque lo veo en ti. ¿Cómo sé que Jesús realmente me ama? Porque tú me amas de verdad.

- Busca a amigos que estén dispuestos a darte una patada a través de la exhortación, o a animarte y fortalecerte cuando necesites ánimo.

Preguntas para el debate

1. ¿Cómo te ha estimulado o animado alguien recientemente? Puede ser un miembro de tu familia o de tu pequeño grupo. ¿Cómo te sentiste?

2. Hebreos 10:24-25 hace obligatoria la comunión. ¿Estás de acuerdo o no lo estás? Explica tu respuesta.

3. ¿Qué barreras impiden que los hombres disfruten una verdadera comunión entre unos y otros?

4. ¿Necesitas "dar" u "obtener" más comunión cristiana? Explica tu respuesta. ¿Qué vas a hacer al respecto?

7

EL HOMBRE Y EL CONSEJO

AVANCE

En este capítulo, haremos lo siguiente:

- **Descubriremos por qué los hombres necesitan buscar y recibir consejo los unos de los otros.**
- **Exploraremos ocho principios que nos guíen en el proceso de buscar consejo.**

A principios de la temporada 2001 de NASCAR, Steve Park lo tenía todo a su favor. Conducía para Dale Earnhardt, Inc. (DEI) y tenía un gran patrocinador corporativo, Penzoil. Incluso conducía el gran auto número "1".

Park corría en la competición Nextel Cup Series, la división más alta de *stock cars*. Pero, como muchos otros, Park también quería conducir en otras divisiones. Confesó que estaba pidiendo a DEI que lo dejaran conducir un auto Busch, una división de *stock cars* menos prestigiosa que Nextel. Pero sus jefes, como también los representantes de Penzoil, dijeron: "No. No queremos que arriesgues tu trayectoria en una carrera Busch".

Finalmente, ya que él seguía insistiendo, cedieron y lo dejaron competir. Park dijo: "Entonces se cumplió el peor de sus temores. Pasó exactamente lo que me habían dicho con insistencia que podía pasar".

En septiembre de 2001, la trayectoria de Park cambió radicalmente al estrellarse en la "Lady in Black", la pista de Darlington Speedway de Carolina del Sur. Park estaba conduciendo bajo una bandera de precaución, preparándose para empezar de nuevo, cuando se vio en medio de un accidente. El auto se quedó parado contra la pared interna, y él quedó atrapado en el vehículo durante veinte minutos, esperando que lo sacaran. El equipo de rescate tuvo que cortar el techo del auto para sacarlo.

Park sufrió una conmoción cerebral y no pudo participar en el resto de la temporada 2001 y el principio de la del 2002. En el 2001, había disputado el título. En el 2002, ocupó el puesto número treinta y ocho. Acabó la temporada de carreras del 2003 y lo despidieron, ya no lo necesitaban.

La historia de Steve Park es la nuestra. Podemos elegir un camino sin buscar un consejo, sin tener en cuenta los planes y los deseos de Dios. No buscamos su voluntad, porque ya hemos decidido lo que queremos. Como Park, cuando suplicaba a sus jefes y patrocinadores, suplicamos y suplicamos —a las personas y a veces a Dios— para obtener lo que queremos. Incluso cuando las personas sabias y con experiencia aconsejan correctamente ir por otro camino, decidimos ir por nuestro propio camino. Y el precio de ello es obtener lo nuestro. Tal vez el secreto del contentamiento no sea obtener lo que queremos, sino querer lo que obtenemos.

La disciplina de procurar y aceptar el consejo sabio

Consejo sobre decisiones morales

Estoy bastante seguro de que entre mis lectores hay unos cuantos que están decidiendo entre divorciarse o no de su esposa. ¿Cómo lo sé? Porque llevo tres décadas de estudios bíblicos para hombres y, cada año en cada grupo de estudio bíblico, varios se divorcian de sus esposas. Puede suceder. Si eres uno de los que se está planteando el divorcio, permíteme preguntarte: ¿quieres recibir consejo sobre este tema?

Lo que es más, te puedo garantizar que algunos de mis lectores tienen alguna aventura sexual con mujeres que no son sus esposas. Tal vez estés decidiendo si debes dejar esa relación. ¿Estás seguro de que quieres consejo sobre este tema?

Como se trata de decisiones morales, estas afectarán el resto de tu vida. Es probable que afecten también a otras personas, aunque normalmente no nos gusta tenerlo en cuenta. Si somos sabios, buscaremos la voluntad de Dios. Y, a veces, la mejor manera de descubrirla es pidiendo consejo a hombres que conocen bien al Señor.

Proverbios 15:22 dice: "Los pensamientos son frustrados donde no hay consejo; mas en la multitud de consejeros se afirman". Ahora bien, recuerda que, en su mayoría, los proverbios son certeros, aunque puede haber excepciones. Por eso, en general, los planes suelen fracasar sin consejo, o cuando no se busca consejo. Y generalmente, con el consejo adecuado, tienen éxito.

Verdades bíblicas sobre el consejo

En todo el libro de Proverbios, se encuentran versículos que recalcan esta verdad. Mientras lees los siguientes, considera dedicar unos momentos a escribir el tema principal de cada uno en el espacio proporcionado.

- "El camino del necio es derecho en su opinión; mas el que obedece al consejo es sabio" (Pr. 12:15).

  ____

- "El escarnecedor no ama al que le reprende, ni se junta con los sabios" (Pr. 15:12).

  ____

- "Los pensamientos con el consejo se ordenan; y con dirección sabia se hace la guerra" (Pr. 20:18).

  ____

- "Porque con ingenio harás la guerra, y en la multitud de consejeros está la victoria" (Pr. 24:6).

  ____

- "El que confía en su propio corazón es necio; mas el que camina en sabiduría será librado" (Pr. 28:26).

  ____

Vivir un compromiso para buscar consejo

Si queremos buscar consejo, debemos ser suficientemente humildes para admitir que no tenemos todas las respuestas. Esto exige disciplina e intención, porque no es algo que hagamos fácilmente por naturaleza.

Cuando considero mis terribles decisiones en el pasado, veo una correlación entre el nivel de mi estupidez y el grado con el que no he buscado el consejo de otras personas. Todos tenemos un gran problema cuando nos toca tomar decisiones. Generalmente, vemos la situación desde un solo punto de vista y, a menudo, solo vemos lo que queremos ver.

Un día comí con un hombre que me había pedido consejo dos años antes. Me dijo:

—Pat, me estoy planteando hipotecar mi casa e invertir el dinero en un negocio de franquicia. ¿Qué te parece?

Respondí:

—En realidad, no quieres escuchar lo que tengo que decirte.

¿Por qué vas a pasar por la estratagema de preguntar? Ya has decidido lo que vas a hacer, prescindiendo de lo que yo te diga.

Yo tenía razón. Lo hizo, y al cabo de dos años volvimos a comer juntos. Había perdido los ahorros de su vida y la casa. Puedes pensar que fue una locura jugarse la casa en un negocio incipiente, pero su problema nos afecta a todos cuando tenemos que tomar decisiones. El problema es engañarnos a nosotros mismos.

Demóstenes, el más grande orador de su época, dijo: "No hay nada más fácil que engañarse a uno mismo, porque todo lo que el hombre desea, eso también es lo que cree que es cierto". Nunca he conocido a una persona que no sea propensa a engañarse. Y el autoengaño más grande de todos es pensar que nosotros no somos susceptibles a él.

Consideremos Hebreos 3:13, que dice: "Antes exhortaos los unos a los otros". En el capítulo anterior, hablamos de la comunión, y resalté que en su sabiduría Dios no le da a cada uno todo lo que necesita. En cambio nos da el don de tenernos los unos a los otros. Así, esto forma parte de "los unos a los otros". El consejo surge de la comunión.

Volvamos a ese versículo: "Antes exhortaos los unos a los otros cada día, entre tanto que se dice: Hoy; para que ninguno de vosotros se endurezca por el engaño del pecado". Aquí está la clave del problema. Es casi imposible cambiar una mente que ya ha tomado su decisión. No pedimos consejo, porque en el fondo no lo queremos. No aceptamos el consejo, porque no nos gusta lo que oímos.

Muchas personas no quieren consejo, quieren permiso. Ya han decidido lo que quieren y buscan apoyo para las decisiones que ya tomaron. Lo vimos con Steve Park en la carrera de NASCAR, pero también lo vemos en nosotros. Para vivir esta disciplina, primero tenemos que resolver los temas del corazón. Pregúntate: "¿En verdad quiero tomar una decisión sabia o simplemente quiero hacer lo que me apetece?".

Sugerencias para la búsqueda del consejo sabio

Las Escrituras nos indican que procuremos el consejo de muchas personas, pero también nos proporcionan relatos de personajes bíblicos que buscaron consejo en las fuentes equivocadas. Por ejemplo, en 2 Crónicas 10, Roboam rechazó el sabio consejo de los consejeros de su padre Salomón y tomó el necio consejo de los jóvenes con los que se había criado.

Veamos, pues, cómo tenemos que buscar consejo, recordando que el consejo piadoso pone de manifiesto el autoengaño. Los teólogos hablan de un concepto llamado *la influencia noética del pecado*. Se refiere a la influencia del pecado en la mente (*nous*). Los teólogos nos dicen que, cuando Adán y Eva pecaron, no solo afectó el cuerpo y las emociones, sino también la mente. El apóstol Pablo observó este hecho cuando escribió: "Ahora conozco en parte; pero entonces conoceré como fui conocido" (1 Co. 13:12). Nuestra mente es limitada y falible. Comete errores, y precisamente por esto necesitamos consejo.

Piensa en una decisión con la que te estás enfrentando ahora. No sabes si ir a la izquierda o a la derecha. Nos sabes si deberías detenerte o seguir adelante. Quiero proporcionarte ocho sugerencias que te ayuden a encontrar consejo piadoso.

1. Entiende que las decisiones se pueden clasificar en dos categorías.

Toda decisión que tomes será moral o de prioridad. Las elecciones morales son entre lo correcto y lo incorrecto. Cuando un hombre formula una de las siguientes preguntas, está a punto de tomar una decisión moral:

"¿Tan malo es mentir un poco cuando calculo los impuestos?".

"¿Puedo establecer una relación con otra persona que no sea mi esposa sin que me descubran?".
"¿A quién perjudico si pongo mentiras en mi currículum?".

Las elecciones de prioridad son entre lo correcto y lo correcto. A continuación tenemos dos ejemplos:

"¿Voy a invertir en estas acciones o en las otras?".
"¿Qué auto tengo que comprarme?".

Si necesitas consejo sobre un tema moral, acude a alguien que tenga autoridad y conocimiento moral. Busca el consejo de personas que conozcan las Escrituras. Esto puede no ser necesario con una decisión de prioridades. Si quieres comprar un buen auto usado, no buscarás el consejo de un pastor o de un líder de estudio bíblico, a no ser que sean expertos en el tema.

2. Pregúntate: "¿Estoy decidido o indeciso?"

Si ya has decidido sobre lo que quieres hacer, buscarás consejo de manera diferente de si todavía no te has decidido. Tal vez tengas una idea más o menos clara, por lo tanto estarás buscando confirmación. O tal vez no sepas qué hacer. Si ya te has decidido, yo te sugeriría que, de todos modos, abrieras tu corazón al consejo y que estuvieras dispuesto a escuchar.

3. Distingue entre la inventiva humana y la sabiduría de Dios.

La sabiduría de Dios se halla en las Escrituras y se administra a través del Espíritu Santo. Muchos hombres, como abogados, consejeros y pastores, proporcionan todo tipo de sabiduría. Sin embargo, tienes que comprender si estás recibiendo el ingenio humano o la sabiduría de Dios.

Soy una persona de ideas. Hago ideas como la máquina de palomitas hace palomitas. El problema es que la mayoría son terribles. A lo largo de los años, me he dado cuenta de que casi todas mis ideas son el fruto del ingenio humano y no de la sabiduría de Dios.

Por lo tanto, no me precipito en la oficina el martes para las reuniones de equipo y digo: "Tenemos que hacer esto o tenemos que hacer lo otro". En cambio, digo: "Estas son las ideas sobre las que he estado pensando esta semana. ¿Cuáles les parecen a ustedes que serían buenas desarrollar?". Hablamos sobre ellas y las discutimos. No digo: "Haremos esto", porque he aprendido algo mejor.

4. Elige tu consejero en función de tu necesidad de razón o de pasión.

Descubre si necesitas escuchar la voz de la razón o de la pasión. Si te enfrentas a una decisión moral, y ya conoces la opción correcta, no necesitas la voz de la razón. Necesitas la voz de la pasión. Necesitas a alguien que te anime, te inspire y te motive para hacer lo correcto. Necesitas a alguien que te diga: "Lo puedes hacer. Puedes conseguir que funcione".

Si estás confundido y no sabes por dónde ir, precisas la voz de la razón. Analiza tu situación, para poder saber qué tipo de persona necesitas elegir como consejero.

5. Cuidado con el consejero de respuesta rápida.

Supongamos que has estado luchando con un problema crucial durante meses. Buscas a una persona para recibir consejo. Le explicas tu situación en tres o cuatro frases. Descargas un poco tu corazón. Y el consejero responde con rapidez: "Mira. Esto es lo que tienes que hacer".

Muchas personas dan consejo teniendo en cuenta al *consejero* (en lugar de dar consejo teniendo en cuenta al *aconsejado*). Generalmente, no se hallan en su situación y no se toman el tiempo necesario para entender el meollo de su problema. Les cuesta poco decirte lo que ellos harían, pero no llegan a conocer suficientemente tu tema para ayudarte a entender lo que deberías hacer. Encuentra a alguien que quiera escuchar, alguien que haga preguntas e intente hacerte salir de dudas en lugar de decirte inmediatamente lo que tienes que hacer.

6. Recuerda que las personas tienen sus prioridades.

Los empleados tienen prioridades. Los vendedores tienen prioridades. Cuando buscas el consejo de alguien, probablemente sea bueno saber si esa persona realmente quiere ayudarte o si está buscando algún resultado concreto. Por ejemplo, es absurdo esperar recibir consejo objetivo de alguien que tendrá una ganancia económica si dices "sí" y perderá económicamente si dices "no". Esto no significa que su consejo sea malo. De hecho, es probable que sea bueno. Por lo tanto, ve a esa persona y consigue toda la información disponible, pero luego acude a alguien que esté a favor de ti y obtén un consejo adicional.

7. No te enojes, no hagas mala cara y no rechaces.

¿Cuál es la mejor manera de conseguir un mal consejo? Ahuyentar repetidamente el buen consejo. En el Antiguo Testamento, los consejeros del rey Acab le daban un mal consejo, porque cada vez que un asesor decía algo que al rey no le gustaba, el rey le cortaba la cabeza o lo encarcelaba. No te irrites por el consejo, aunque no lo hayas buscado. Hace poco, una persona que había apoyado el ministerio durante mucho tiempo se ofendió bastante por algo que dije y me dio un consejo que yo no había pedido. En lugar de rechazarlo, pregunté a un par de nuestros ejecutivos: "¿Qué podemos aprender de él? ¿Cuál es la manera espiritual de responder?".

Si deseas recibir un consejo honrado y meditado, acepta todos los consejos, incluso los negativos. Expresa gratitud, no juicio ni frustración.

8. La paz es el árbitro.

Has procurado obtener un consejo y te parece emocionalmente correcto. Tiene sentido. Es razonable. Sientes paz. Creo que, a medida que la sabiduría piadosa se manifiesta, conocerás la respuesta cuando llegues a ese lugar de paz.

Independientemente de la decisión a la que te estés enfrentando, te animo a buscar un consejo sabio. Algunos lectores están tomando decisiones de prioridades. Otros están tomando decisiones morales. Te animo a que encuentres hermanos cristianos dignos de confianza. Sé honrado con los demás; ábrete. Busca consejo. Recuerda Proverbios 15:22: "Los pensamientos son frustrados donde no hay consejo; mas en la multitud de consejeros se afirman". Recuerda también que tienes que repasar este capítulo en el futuro cuando te enfrentes a una decisión difícil.

Padre celestial, gracias por el don de tenernos los unos a los otros. Todos estamos sujetos al autoengaño, por esto te pido que nos recuerdes este regalo que nos has dado para buscar consejo. Ayúdanos a aceptarlo como la solución de nuestro problema de autoengaño. Nosotros no queremos fracasar. Al procurarnos consejo, mejoramos nuestras probabilidades de escuchar tu voz. Ayúdanos a ver el valor del consejo, para que lo apliquemos. Lo pedimos en el nombre de Jesús. Amén.

Ideas principales

- Si ya hemos decidido lo que queremos hacer, no estamos realmente buscando la voluntad de Dios.

- Muchas personas no quieren consejo, sino permiso.
- El precio de hacer las cosas a nuestra manera es obtener las cosas a nuestra manera.
- Antes de buscar un consejo, tenemos que ser suficientemente humildes como para admitir que no tenemos todas las respuestas.
- Todas las decisiones se clasifican en dos categorías: decisión moral y decisión de prioridades.
- Es necesario distinguir entre el ingenio humano y la sabiduría de Dios.
- Cuidado con el consejero que da la respuesta demasiado rápido.
- La paz es el árbitro.

Preguntas para el debate

1. Describe una de las siguientes situaciones:

- Un plan que fracasó por falta de consejo.
- Un plan que tuvo éxito debido a un consejo sabio.

2. Según Proverbios 15:22; 20:18; 20:5; y Hebreos 13:10, ¿qué problemas se solucionan al buscar consejo?

3. Este capítulo enumera ocho sugerencias para filtrar y examinar cuidadosamente el consejo recibido. ¿Qué sugerencia necesitabas más? ¿Por qué?

- Elecciones morales o de prioridades.
- Decidido o indeciso.
- El ingenio humano o la sabiduría de Dios.
- La voz de la pasión o la voz de la razón.
- Tener en cuenta al consejero o al aconsejado.
- Un consejero que está a favor de ti o uno que quiere un resultado concreto.
- No te enojes, no hagas mala cara y no rechaces.
- La paz es el árbitro.

4. ¿Sobre qué necesitas consejo en este momento? ¿Quién es la persona más adecuada para proporcionarte consejo?

8

EL HOMBRE Y EL AYUNO

AVANCE

En este capítulo, haremos lo siguiente:

- **Mostraremos por qué el ayuno sigue siendo una disciplina importante.**
- **Aprenderemos su finalidad y sus beneficios.**
- **Proporcionaremos instrucciones concretas para los que quieren practicar el ayuno como una expresión de su amor a Dios.**

Camino al trabajo, paso delante de tres tiendas de comestibles, por lo menos once restaurantes de comida rápida, dos de pizzas, dos de comida china para llevar, una heladería y dos tiendas de comidas preparadas que hacen publicidad de diversos tentempiés con carteles al lado de la carretera. Vivimos en un mundo basado en las cosas preparadas y la gratificación instantánea, especialmente cuando hablamos de la comida. No hay muchas personas dispuestas a escuchar un mensaje de abnegación. Resumiendo, no somos muy buenos a la hora de decirnos a nosotros mismos: "No".

Por eso, el ayuno —renunciar a la comida durante un período específico de tiempo— es una disciplina. No nos sale de forma natural. Y no obstante es una disciplina bíblica. El ayuno probablemente no sea para el nuevo cristiano. Sin duda nunca anunciarías en la clase de miembros nuevos: "Para ayudarles a familiarizarse con nuestra iglesia, le pedimos que se inscriban a un estudio bíblico de dos años que examinará el cristianismo en el griego original, y ¡empezaremos con un ayuno de cuarenta días!".

Tal como hemos observado con las otras disciplinas, el ayuno no "compra" más amor o atención de Dios. No obtiene su favor. No mejora la clasificación de una persona en alguna jerarquía cristiana. El ayuno es simplemente una herramienta para ayudarnos a eliminar distracciones y a centrarnos más claramente en relacionarnos con Dios y practicar su voluntad. Cuando aminoramos la marcha en nuestra vida fisiológica, puede haber una expansión en el lado espiritual de nuestra vida. De hecho, la agudeza y la agilidad de nuestras facultades mentales aumentan cuando la sangre no se concentra en el proceso digestivo.

Para algunos de ustedes, esta disciplina es exactamente lo que estaban buscando. Han estado deseando una relación más profunda con Jesús. Se han estado preguntando: *¿Cómo puedo humillarme ante un Dios tan santo? ¿Cómo puedo hallar sabiduría para estas grandes y difíciles decisiones que tengo que tomar? ¿Cómo puedo hallar paz para la situación imposible en la que me encuentro?* Han estado leyendo la Biblia una y otra vez, y orando repetidas veces, y todavía falta algo.

Tal vez otros nunca hayan considerado realmente la idea del ayuno, pero, al acabar este capítulo, esta disciplina les parecerá muy atractiva.

El ayuno a lo largo de los años

Como cristianos contemporáneos, debemos entender que, aunque el ayuno vaya contra nuestra cultura, no va contra las Escrituras. En todo el relato bíblico, vemos que los hombres ayunaban, incluidos Moisés, David, Nehemías, Esdras, Daniel, Jeremías, Isaías y también Jesús (que empezó su ministerio con un ayuno de cuarenta días). Sabemos por las Escrituras y por la literatura extrabíblica que el ayuno era común durante la era en la que Jesús vivió en la tierra.

El libro de Hechos revela que el ayuno era una práctica regular de la iglesia primitiva (por ejemplo, Hch. 10:30; 13:2-3; 14:23). Las Escrituras también revelan que Pablo ayunaba (2 Co. 11:27). Un repaso de la historia cristiana muestra que Martín Lutero, Juan Calvino, John Knox, Juan Wesley, Jonathan Edwards, Carlos Finney y otros grandes líderes creían en el valor del ayuno y lo practicaban en sus vidas.

Así, si tenemos tantas referencias bíblicas e históricas a esta disciplina, ¿por qué hay tan pocas personas que la practican en la actualidad? Principalmente, la Iglesia de la Edad Media apoyaba un estilo de vida ascético y monástico. El alejamiento moderno del ayuno fue, en parte, una reacción contra esto.

La riqueza también parece que disminuye el atractivo de un hábito de abnegación. Pero los períodos de dificultades tienden a recolocar nuestro interés. Lo vimos después de los atentados terroristas del 11 de septiembre de 2001. Por todas partes en América, las personas se interesaban por temas espirituales.

Hemos visto el ayuno en otras ocasiones también. Por ejemplo, en la Guerra Civil Estadounidense murieron unas 364.000 personas. Más o menos, uno de cada cien. Los dos presidentes, Abraham Lincoln y Jefferson Davis, decretaron días de ayuno y oración. En 1865 la guerra ya se había acabado, y la esclavitud, una de las instituciones más malvadas de la historia, fue abolida en los Estados Unidos. Sin duda, el ayuno y la oración nacionales influyeron profundamente en la abolición de la esclavitud.

Luego, el ayuno perdió popularidad de nuevo. Bill Bright y otros han observado que entre los años 1861 y 1954 no se escribió ni un solo libro sobre el tema del ayuno. Luego, el 5 de julio de 1994, Bill

Bright, fundador de Cruzada Estudiantil y Profesional para Cristo, sintió que Dios le indicaba que ayunara durante cuarenta días.

Por aquel tiempo, yo estaba muy involucrado con él como miembro de la junta directiva de Cruzada Estudiantil, por eso, me encontré con él durante esos cuarenta días. Cuando acabó su ayuno, asistí a la reunión en la que retó a los cristianos de todo el mundo a practicar el ayuno. El Dr. Bright calculó más adelante que aproximadamente dos millones de personas respondieron por todo el mundo.

Hay un tiempo para ayunar

Como hemos observado más arriba, el ayuno era bastante común en el tiempo en que Jesús vivió en la tierra, y Él mismo ayunó antes de empezar su ministerio (Mt. 4:1-3). Pero, a menudo, Jesús decidía no ayunar. Por ello, los líderes religiosos cuestionaban su espiritualidad. En una ocasión, le comentaron: "los discípulos de Juan ayunan muchas veces y hacen oraciones, y asimismo los de los fariseos" (Lc. 5:33). Así, pues, el ayuno era común en los días de Jesús, pero sus discípulos comían y bebían.

El Señor respondió la pregunta que ellos le hacían implícitamente —"¿Por qué no ayunas, Jesús?"— en los versículos siguientes, con estas palabras: "¿Podéis acaso hacer que los que están de bodas ayunen, entre tanto que el esposo está con ellos?". Y añadió: "Mas vendrán días cuando el esposo les será quitado; entonces, en aquellos días ayunarán". Permíteme parafrasear este texto. Básicamente, Jesús dijo: "Hay un tiempo en que el ayuno es adecuado, y un tiempo en el que no lo es". Por lo tanto, ahora es el tiempo de ayunar.

La finalidad y los beneficios del ayuno

El ayuno implica renunciar a algo que hacemos normalmente, con la finalidad de dedicar más tiempo y atención a Dios. El ayuno también es una manera excelente de expresar dolor o arrepentimiento ante el Señor. A veces los hombres hacen cosas que les parecen tan abrumadoras y despreciables que no pueden simplemente aceptar el perdón y olvidarlas. El ayuno les permite manifestar la profundidad de su remordimiento, porque expresa humildad. A menudo recuerdan al Dios santo y trascendente que desea su obediencia, pero también muestra compasión. También ayuda al que lo practica a concentrarse en la manera de evitar repetir un patrón de conducta negativo. Además, si usted está luchando con el orgullo y la ira, el ayuno es una expresión tangible de humildad ante Dios.

El tipo más común de ayuno implica abstenerse de comer. Otros ayunos pueden incluir agua, una comida, algunos tipos de alimento, abstenerse de salir a comer fuera, o incluso elementos que no son para comer, tales como películas o televisión. En mi propia experiencia, cuando enfatizo menos la satisfacción de mi apetito físico, crezco espiritualmente.

El ayuno tiene muchas ventajas:

1. *El ayuno añade fuerza a la vida de oración del que participa en él.* Los Evangelios de Mateo y Marcos relatan un ejemplo en el cual el padre presentó a su hijo poseído por un demonio para que recibiera ministerio. Los discípulos no pudieron ayudar, pero Jesús ordenó al espíritu sordo y mudo que se fuera, y el muchacho quedó restablecido. Los discípulos preguntaron por qué no lo habían conseguido ellos, y Jesús les dijo: "Pero este género no sale sino con oración y ayuno" (Mt. 17:21; Mr. 9:29). El ayuno aumenta el poder de la oración.

2. *El ayuno ayuda al que lo practica a oír la voz de Dios y recibir sus instrucciones.* A veces tenemos que tomar decisiones difíciles. Por ejemplo, algún directivo puede tener que enfrentarse a una necesidad agonizante de despedir

a alguien en el trabajo porque los negocios no van muy bien. O a un hombre de cuarenta años se le puede diagnosticar una enfermedad que tiene más de una opción de tratamiento. O un padre joven puede tener problemas en la manera de disciplinar a uno de sus hijos. En cada caso, la decisión del hombre raramente es blanco o negro, y elija lo que elija, entiende que hay resultados tanto buenos como malos. A veces no tenemos suficiente sabiduría. El ayuno es una manera excelente de buscar las instrucciones de Dios.

3. *El ayuno libera al que lo practica de la confusión de voces opuestas.* Su relación con Dios se verá afectada negativamente por diversas cosas en función de su personalidad y temperamento. En mi caso, es el trabajo. Soy un adicto al trabajo en proceso de desintoxicación. Me encanta la producción. Me encanta la creatividad. Me encanta el trabajo. Si no voy con cuidado, cualquier día puedo trabajar hasta el estupor. He descubierto el ayuno como una manera de reducir mi ritmo de trabajo, protegiendo con ello mi dedicación a Jesucristo.

4. *El ayuno permite al que lo practica expresar amor a Dios de una manera tangible.* El cristianismo cultural no requiere mucho sacrificio. Somos un pueblo bendecido. Incluso los más pobres entre nosotros son más ricos que la mayoría de las personas de cualquier país en vías de desarrollo. Así nos enfrentamos a una cuestión seria. Si nunca sacrificamos nada por Jesús, ¿cómo podemos estar seguros de que lo amamos? El ayuno es una demostración tangible de tu entrega a Cristo. La práctica del ayuno como disciplina expresa que tu amor por Él es más grande que tu amor por la comodidad física. Te ayudará a ajustar tu fe y tu caminar

a las Escrituras, porque, como Jesús recordó a Satanás, "no sólo de pan vivirá el hombre" (ver Lc. 4:4; Dt. 8:3).

Mi experiencia con el ayuno

Un amigo mío, Ted Bywater, fue el primero que me animó a practicar el ayuno en los años ochenta. Desde entonces, el ayuno forma parte regular de mi vida.

Era un lunes a las dos de la tarde. Acababa de regresar de la comida y me sentía cansado. Había estado clamando al Señor durante meses. Mis emociones estaban doloridas debido a una serie de situaciones adversas, y sabía que no podía soportar ni un solo minuto más con estos problemas.

Sentado en mi escritorio mientras hablaba con Ted, decidí ayunar como acto de fe. Confié que Dios honraría este hecho y revelaría su voluntad, su propósito y su plan. De hecho, no pensé cómo sabría cuándo tenía que acabar el ayuno y tampoco podía describir lo que estaba buscando del Señor. Simplemente sabía que no podía seguir en aquel estado. Decidí ayunar hasta que Dios respondiera, ¡o hasta que muriera!

Llamé a mi esposa, Patsy, y le expliqué mi decisión. Patsy siempre ha sido muy cuidadosa con escuchar la voz de Dios. Aquella tarde, parecía que estaba llena de un respeto reverente por lo que yo le anunciaba, confirmando en mi mente que la idea era de Dios.

Ayuné tal vez durante cuatro días. No cambió nada, salvo mi corazón. Esto fue en el año 1981. Las circunstancias de los meses anteriores me habían hecho sentir como un pájaro, encerrado en una jaula con pesos de plomo en las patas. Después del ayuno, sentí como si Dios me hubiera quitado los pesos y hubiese abierto la puerta de la jaula. Estaba volando de nuevo. Pero mis circunstancias no habían cambiado.

Ayunar por un amigo enfermo... y con muchos líderes

Este hecho me inició en el camino de experimentar con el ayuno. Más tarde, en el año 1985, un amigo mío tuvo una hepatitis B incurable. En 1989, su situación estaba empeorando por muchas razones, por lo tanto me comprometí a ayunar un día a la semana hasta que sanara. Podía saltarme la cena un día, y el desayuno y el almuerzo del día siguiente, y volver a comer la cena de ese día. Seguí con mis asuntos de forma normal, aunque me cansaba por la tarde y a veces tenía que hacer una siesta de diez o veinte minutos. Lo hice durante cuarenta semanas.

Muchas personas estaban orando por mi amigo, por lo tanto no quiero sugerir que haya una correlación de uno a uno en este caso. Pero mi amigo se curó completamente.

En diciembre de 1994, Bill Bright inició un día de ayuno y convocó una reunión de líderes en Orlando. Me uní a los seiscientos que estaban ayunando y decidí probar el ayuno de cuarenta días con el que nos retó. Me busqué un exprimidor eléctrico y empecé con el ayuno. Al cabo de una semana, mi apetito había desaparecido por completo. Pero al cabo de unos diez días, empecé a estar irritable. Cada día estaba más irritable. El día decimocuarto tuve que dejarlo. Decidí que no estaba hecho para el ayuno de cuarenta días.

Más adelante, necesitábamos instrucciones para nuestro ministerio *Man in the Mirror*, así que convoqué un día de oración y ayuno. Éramos cinco personas, y me sorprendió descubrir que los otros cuatro no habían ayunado nunca. Era el año 1995. Hoy este ministerio alcanza a millones de hombres, y siempre recordamos esa reunión. El ayuno liberó poder espiritual, y los resultados aún se ven, después de más de una década.

Desde 1995 hasta 2005, ayuné un día por semana (un ayuno de veinticuatro horas desde la cena, el desayuno y el almuerzo). Podía mantener mi programación más o menos normal, porque no era un período extenso.

En la actualidad, no ayuno. A finales del 2004, empecé a correr en autos de carrera como *hobby*. A principios del año 2005, me di cuenta de que necesitaba aumentar mi resistencia para las carreras, por lo tanto empecé un riguroso programa de entrenamiento de una hora al día. En estos momentos, el ayuno no encaja en mi programación, que me exige un gran esfuerzo físico, y por lo tanto, lo he dejado del todo. Ciertamente no me siento menos conectado con Dios. En el futuro, sin duda, ayunaré de nuevo, tal vez de forma regular; no lo sé. De momento tengo otras maneras de expresar mi devoción a Dios. Y nunca pensé que el ayuno me hacía mejor, por lo tanto, no ayunar no me hará peor.

Sugerencias para practicar la disciplina del ayuno

Tu actitud

Las Escrituras no solo nos dicen que el ayuno es una disciplina que vale la pena practicar. También proporcionan instrucciones específicas sobre la actitud que debe acompañar a la disciplina.

En Mateo 6:16, Jesús dijo: "Cuando ayunéis, no seáis austeros, como los hipócritas; porque ellos demudan sus rostros para mostrar a los hombres que ayunan; de cierto os digo que ya tienen su recompensa".

Jesús condena la actitud que nos hace obtener alabanza de parte de las personas mostrándoles que estamos ayunando. En los versículos siguientes, básicamente dice a sus seguidores: "Vístanse, vayan al trabajo, continúen con su estilo de vida normal, aféitense y tengan un aspecto normal". "De este modo —dice Jesús—, los hombres no sabrán que están ayunando sino solo su Padre, a quien nadie puede ver. Y su Padre, que ve lo que se hace en secreto, los recompensará".

¿Significa esto que si alguien descubre que estás ayunando, el ayuno ha perdido su efecto? No, eso sería un poco legalista. Este pasaje dice simplemente: "No muestres claramente a las personas que estás ayunando".

Esto no significa que no se lo digo a nadie. Por ejemplo, cuando yo ayuno, mi esposa necesita saberlo, porque se enojaría mucho si preparara una comida y yo le dijera:

—Lo siento, no lo puedo comer.

Ella preguntaría:

—¿Por qué no?

—Oh —respondería yo—, no te lo puedo decir, es un secreto.

Estoy seguro de que entiendes lo que quiero decir. Confía en mí, en esto no tienes que ser legalista.

Preparación previa al ayuno

Si deseas hacer un ayuno de tres o cuatro días, probablemente necesitarás preparación. Por ejemplo, deja de tomar cafeína, en la mayoría de casos estamos hablando de café, y prepárate para el dolor de cabeza de la cafeína. No intentes mantener el ritmo normal de ejercicio mientras te privas de muchas calorías. Si pretendes ayunar más de un día, seguramente tendrás que abandonar el ejercicio intenso y tal vez tendrás que sustituirlo por caminatas.

Cuando ayunes, reserva el tiempo que normalmente dedicarías a comer, y úsalo para leer la Biblia y orar. No hay ninguna fórmula mágica. No puedo decirte cuánto tiempo tienes que orar, pero si no lo has probado nunca, podrías probarlo saltándote una comida. En función de tu programa de actividades, elige un día de la semana o un fin de semana. Tal vez quieras solo saltarte el desayuno y dedicar la mañana a la oración.

Aspectos físicos del ayuno

Hay personas que solo toman agua. Otras también beben jugo para mantener constantes los niveles de energía al tomar azúcar.

Creo que la mayoría de los hombres no podrán mantener su ritmo normal de actividades sin consumir glucosa. Yo tomo medio vaso de jugo de naranja mezclado con medio vaso de agua. También es bueno el jugo de manzana o el de sandía.

Te animo a tener en cuenta posibles problemas médicos por falta de comida. Por ejemplo, si tienes diabetes o hipertensión, tendrás que hablar con tu médico antes de probar el ayuno. Si te cansas durante el día, haz una siesta. Probablemente, tu cuerpo te esté indicando que necesitas un descanso.

El ayuno tiene "efectos secundarios". Puedes tener dolores provocados por el hambre, dolor de estómago o de cabeza. Cuando ayunas, el cuerpo se limpia. Esto puede provocar mal aliento, por lo tanto, toma pastillas de menta para no ofender a nadie en el trabajo.

Y cuando empieces a comer de nuevo, no vayas corriendo al restaurante de comida rápida más cercano para pedir una hamburguesa y papas fritas. Come una banana o algo que no tenga un contenido elevado de grasa.

Un sacrificio

Y recuerda que la finalidad del ayuno no es recibir una palmadita de aprobación de Dios. Se trata de demostrar tangiblemente nuestro amor por Él y nuestro deseo de una vida más santa. Repitiendo lo que hemos indicado más arriba, si nunca sacrificamos nada por Jesús, ¿cómo sabrá Él que lo amamos? ¿Cómo sabremos nosotros que lo amamos? El ayuno es una disciplina maravillosa para hacer este sacrificio.

Esta buena disciplina nos da la oportunidad de satisfacer nuestro apetito espiritual sacrificando nuestro apetito físico. El ayuno reconoce el valor de la promesa de Jesús: "Bienaventurados los que tienen hambre y sed de justicia, porque ellos serán saciados" (ver Mt. 5:6).

Padre celestial, gracias por la disciplina del ayuno, porque se halla en las Escrituras y, aunque caiga en desuso, no se ha perdido. Sé, Señor, que por lo menos la mitad de los hombres que conozco se sienten doloridos. Se enfrentan a circunstancias que superan su sabiduría y van más allá de su fuerza emocional. Están cansados. No ven una salida. Se enfrentan a todo tipo de problemas, y creo que pueden recibir ayuda en la disciplina del ayuno. Cuando ellos se comprometan, te pido que te reveles de una manera más profunda, más poderosa. Lo pido en el nombre de tu Hijo, Jesús. Amén.

Ideas principales

- El ayuno te da una oportunidad de satisfacer tu apetito espiritual con el sacrificio del apetito físico.
- En toda la Biblia, hay hombres que ayunaron, entre ellos: Moisés, David, Daniel, Jeremías, Isaías e incluso Jesús (quien empezó su ministerio con un ayuno de cuarenta días).
- El ayuno implica abstenerse de algo que se hace normalmente, con la intención de dedicar más tiempo y atención a Dios.
- El ayuno permite al que lo practica expresar dolor y arrepentimiento.
- El ayuno refuerza la vida de oración del que ayuna.
- El ayuno permite a la persona expresar amor a Dios de forma tangible.
- Si nunca sacrificamos nada por Jesús, ¿cómo podemos estar seguros de que lo amamos?

Preguntas para el debate

1. ¿Cuál es la finalidad del ayuno?

2. El ayuno forma parte integral de la Biblia. Muchos personajes bíblicos ayunaron, como por ejemplo: Esdras, Nehemías, Ester, Samuel, David, Isaías, Jeremías, Daniel, Zacarías, Jesús, Juan el Bautista y Pablo. Jesús empezó su ministerio con un ayuno de cuarenta días. Hemos mencionado varias porciones de las Escrituras en este capítulo. ¿Qué conclusiones puedes obtener sobre el ayuno a partir de estos textos bíblicos del Nuevo Testamento?

Lucas 5:33-35

2 Corintios 11:27

Mateo 6:16-17

3. ¿Has ayunado en alguna ocasión? Si es así, ¿cuándo, por qué y qué sucedió? ¿Tienes alguna intención de probar el ayuno? Y, si así es, ¿qué ideas tienes sobre cuándo, por qué y cómo?

4. ¿En qué aspectos estás luchando para ser victorioso? ¿O en qué necesitas sabiduría? ¿Has intentado ayunar sobre ello? Si no es así, ¿te gustaría?

9

EL HOMBRE Y LA GUERRA ESPIRITUAL

AVANCE

En este capítulo, veremos que la disciplina diaria de la guerra espiritual nos puede ayudar a determinar y seguir la voluntad de Dios. Para ello:

- **Nos enfrentaremos a la tentación de aceptar dos mentiras: 1) la mentira pública de que hemos derrotado a la carne; 2) la mentira privada de que no podemos conquistar la carne.**
- **Veremos que ignorar nuestros deseos naturales y apuntarnos a la ayuda de una comunidad de confianza nos puede ayudar a ganar la batalla entre la carne y el espíritu.**

Mi amigo David Delk, presidente de *Man in the Mirror*, cuenta la historia de un naranjo que tiene en su patio. Supongamos que David se cansara de las naranjas y decidiera que quiere manzanas. ¿Qué sucedería si fuera al supermercado y comprara un saco de hermosas manzanas y cinta adhesiva? Supongamos que quitara todas las naranjas del árbol y colgara manzanas donde antes había naranjas.

"¿Cambiaría esto al árbol? —pregunta David—. ¡Es evidente que no! Al año siguiente brotarían flores blancas en el árbol, que se convertirían en naranjas, no manzanas".

La razón, tal como David me lo recuerda a mí y a los demás, es que no se puede cambiar el fruto si no se cambia la raíz. La única manera de librarse de las naranjas es arrancando el árbol desde la raíz y empezar de nuevo plantando un tipo diferente de árbol.

¿Qué es la guerra espiritual?

La finalidad de las disciplinas espirituales no es cambiar la conducta exterior. Eso sería poner pintura nueva sobre el metal oxidado. La fuerza de voluntad por sí sola no sirve para nada hasta que nace de la creencia, expresada en forma de entrega real al señorío de Cristo. Así, el verdadero objetivo de todo hábito espiritual es confiar más en Cristo. Aprender más a rendirnos a Jesús como Señor es la esencia de la disciplina de la guerra espiritual.

Si ya has leído ocho capítulos de este libro, estoy seguro de que quieres ser "bueno", es decir, justo. Pero también creo que vale decir que todos los hombres tienen tentaciones persistentes que se entrometen en su camino hacia el objetivo de la justicia. Si no se manejan bien, estas tentaciones se convierten en pecado. Cada uno se enfrenta a temas diferentes. Para algunos será la lujuria y la pornografía. Para otros, la codicia y querer siempre más dinero. Para otros puede ser incluso la ira o la rabia. Para otros puede ser el miedo y la cobardía. La lista de tentaciones específicas es inacabable, pero el resumen es que todos luchamos con algo, y algunos, con una mezcla de más de una tentación.

Ni siquiera el apóstol Pablo era inmune a esta fragilidad humana. Escribió: "Porque lo que hago, no lo entiendo; pues no hago lo que quiero, sino lo que aborrezco, eso hago... el querer el bien está en mí, pero no el hacerlo... queriendo yo hacer el bien, hallo esta ley: que el mal está en mí" (Ro. 7:15, 18, 21). Pablo describió la batalla entre la ley de Dios y la "ley del pecado". Dijo que sus deseos naturales "batallaban" contra sus deseos sobrenaturales, y se veía como un "prisionero" que necesita el rescate de Dios, por medio del ministerio de Jesucristo (Ro. 7:22-25).

¿Por qué es importante la guerra espiritual?

Tal como explica el pasaje anterior, nuestras vidas son un campo de batalla entre lo natural y lo sobrenatural, entre la carne y el espíritu. Cuando nos convertimos en cristianos, somos perdonados, hechos nuevos, recibimos vida eterna. Segunda Corintios 5:17 nos dice que somos una "nueva criatura". Juan 3:5-8 dice que hemos "nacido del Espíritu".

Todo esto es cierto, pero la realidad diaria es que vivimos la novedad con una extraña tensión entre lo natural y lo sobrenatural. Cuando nos convertimos en cristianos, no nos convertimos en seres puramente espirituales. Todavía vivimos en cuerpos humanos, con motivaciones y deseos humanos.

Por esto, Pablo anima a los cristianos con estas palabras: "Andad en el Espíritu, y no satisfagáis los deseos de la carne". Añade que a la antigua naturaleza pecaminosa le gusta hacer el mal, que es precisamente lo contrario de lo que desea el Espíritu Santo (Gá. 5:16-17).

Estas dos fuerzas, la naturaleza pecaminosa y el Espíritu Santo, luchan una contra otra constantemente, y nuestras decisiones nunca están libres de este conflicto. Esta es la definición más básica de la guerra espiritual. Esta batalla es el centro de la lucha cristiana, reflejada en nuestras decisiones a cada momento para vivir de acuerdo con nuestra agenda o con la de Dios. Si somos sabios, participaremos como soldados disciplinados, enzarzados en la guerra espiritual como hábito diario.

Vivir un compromiso con la guerra espiritual

Pablo explicó a los cristianos del primer siglo que eran "llamados a libertad". Pero advirtió: "no uséis la libertad como ocasión para la carne" (Gá. 5:13). Por medio de Cristo tenemos acceso a la armadura y a las armas que nos librarán de la esclavitud a la tentación y al pecado. Pero, por lo general, esa libertad no aparece automáticamente. Requiere nuestra participación.

Es fácil saber si estamos ganando o perdiendo la guerra. Las obras de la carne son evidentes. Pablo lo explicó en esta lista: adulterio, fornicación, inmundicia, lascivia, idolatría, hechicerías, enemistades, pleitos, celos, iras, contiendas, disensiones, herejías, envidias, homicidios, borracheras, orgías y cosas semejantes a estas (Gá. 5:19-21). Las personas que viven de esta manera, apartadas de la confianza en Cristo, están perdiendo la batalla.

Por otro lado, las personas que están ganando muestran el "fruto del Espíritu", descrito por Pablo como amor, gozo, paz, paciencia, benignidad, bondad, fe, mansedumbre y templanza. Las personas que muestran estas cualidades andan por el Espíritu (Gá. 5:22-25). Están ganando la batalla espiritual y disfrutan del favor y de la paz de nuestro gran Dios.

En este pasaje, Pablo nos reta a colaborar con Dios en este proceso. Muchos nos damos cuenta de que se requiere nuestra participación, pero en nuestros esfuerzos para obtener la superioridad sobre nosotros mismos, nos enfrentamos con dos errores potenciales. Si aceptamos una de las dos mentiras presentadas a continuación, perderemos el gozo y la libertad de la obediencia a Dios a largo plazo.

1. *Fingimos públicamente que hemos derrotado a la carne.* Nadie puede ganar esta guerra con su propia fuerza. Solo ganamos por medio del Espíritu Santo. Nunca finjas que no

eres pecador. Es muy peligroso fingir que has conquistado lo que no has conquistado. Aunque obtengas la victoria en muchos casos, te enfrentas a una nueva lucha con cada nueva situación y cada nueva decisión. Vences cada batalla solo por el poder sobrenatural de Dios para liberarte de tus limitaciones.

2. *Negamos en privado la posibilidad de conquistar la carne.* Todos nos enfrentamos a la tentación de mirar las Escrituras con ojos incrédulos. Vemos nuestras experiencias únicas un poco diferentes de las que se recopilan en nuestras Biblias. Pensamos: "Me gusta lo que dice aquí, sin embargo, debe de estar describiendo algo que otros pueden superar por el Espíritu, pero yo, no". Esta respuesta niega la verdad de las Escrituras. Nuestro texto dice: "Andad en el Espíritu, y no satisfagáis los deseos de la carne" (Gá. 5:16). No se observa ninguna excepción.

Si no arrancas las malas hierbas de forma regular, pronto solo tendrás malas hierbas. Así, pues, practica la disciplina de la guerra espiritual de forma regular.

Sugerencias para practicar la disciplina de la guerra espiritual

En el film *Una mente brillante*, Russell Crowe hace el papel de John Nash, un matemático excepcional que es esquizofrénico. En una escena, alguien pregunta al profesor Nash si sus delirios han desaparecido. "Tal vez nunca lo hagan —responde él—, pero he aprendido a ignorarlos. Creo que por eso ya no me molestan".

Esta es una buena analogía de cómo ganamos una batalla espiritual. Las tentaciones pueden repetirse, pero las podemos conquistar. A continuación tenemos algunas sugerencias.

1. Domina tus tentaciones.

No alimentes tus tentaciones. Por ejemplo, si eres alcohólico, no realices tus reuniones de negocios en un bar ni vaya a comer con personas que beben Martini. Si luchas contra la lascivia y la pornografía, no te compres un calendario de ropa de baño. Si pierdes los estribos cuando tienes demasiada presión, reconoce las señales de advertencia y no te dejes llevar.

No alimentes tus tentaciones. Reduce tus apetitos. Podemos progresar mucho simplemente alejándonos de la línea de fuego del pecado.

2. Pertenece a una comunidad.

En ese mismo film, el profesor Nash le pide a su antagonista, en aquel momento un jefe de departamento de la universidad de Princeton, que le encuentre un lugar de trabajo en esa institución. Cree que participar en una comunidad puede ayudarlo. Dice: "Cierto nivel de relación con lugares y personas conocidos puede ayudarme a desechar los delirios que tengo".

Esto también es útil en la guerra espiritual. Hace muchos siglos, Salomón observó con sabiduría: "Mejores son dos que uno… si alguno prevaleciere contra uno, dos le resistirán; y cordón de tres dobleces no se rompe pronto" (Ec. 4:9, 12). El hecho de que la unión hace la fuerza es cierto en la batalla física, pero también lo es en la batalla espiritual. Si te rodeas de personas que te apoyan y que comparten tu compromiso por una vida piadosa, encontrarás ayuda en tu lucha.

Estoy casi seguro, por la experiencia, de que al menos la mitad de hombres que leen este libro están luchando con algo que los consume. Les falta poder. La mayoría verían la victoria si se comprometieran con una comunidad de confianza.

Encuentra un grupo de hombres que compartan tus luchas y pídeles que oren por ti. Hazte vulnerable y ábrete. Permíteles restablecer para ti la realidad de que las Escrituras son verdaderas y que, viviendo por el Espíritu, puedes desarrollar hábitos que se oponen a la gratificación de la naturaleza pecaminosa. Esta es la idea central de la disciplina de la guerra espiritual.

3. Toma toda la armadura de Dios.

Veamos Efesios 6:13-18:

> "...tomad toda la armadura de Dios, para que podáis resistir en el día malo, y habiendo acabado todo, estar firmes. Estad, pues, firmes, ceñidos vuestros lomos con la *verdad*, y vestidos con la coraza de *justicia*, y calzados los pies con el apresto del *evangelio* de la paz. Sobre todo, tomad el escudo de la *fe*, con que podáis apagar todos los dardos de fuego del maligno. Y tomad el yelmo de la salvación, y la espada del Espíritu, que es *la palabra de Dios*; *orando* en todo tiempo con toda oración y súplica en el Espíritu, y velando en ello con toda perseverancia y súplica por todos los santos" (cursivas añadidas).

Este pasaje es el plan central de cómo podemos ejercer la disciplina de la guerra espiritual.

Ningún soldado iría a la batalla con ropa de calle. Quiere una armadura y algo para disparar. Nuestra armadura es la "verdad" que encontramos en la Palabra de Dios, la vida justa, el evangelio, nuestra fe y nuestra salvación. Nuestra arma es la espada del Espíritu, la Biblia y la oración.

Padre, creo que todos los lectores quieren hacer lo correcto. Deseamos agradarte. Pero tropezamos de muchas maneras. Ayúdanos a sacarnos las caretas, para que no finjamos que estamos conquistando cuando no es cierto. Señor, en esta lucha, no permitas que neguemos la eficacia de tu Santa Palabra. Pido que nos ayudes a cada uno a conseguir la victoria sobre la carne, sobre nuestra naturaleza pecaminosa, por medio del Espíritu Santo. Oro para que uses a tus comunidades para ayudarnos en este cometido. Señor, que cada lector vea un progreso real en su vida y que no se desanime por el camino. Lo pedimos en el nombre de Jesús. Amén.

Ideas principales

- Todos los hombres encuentran obstáculos en su lucha por alcanzar el objetivo de ser justos.
- Hay dos fuerzas, la naturaleza pecaminosa y el Espíritu Santo, que luchan constantemente entre sí, de modo que nuestras elecciones nunca son ajenas a este conflicto.
- Pablo anima a los creyentes a "vivir por el Espíritu, y no satisfacer los deseos de la carne".
- Nunca finjas que no eres un hombre pecador. Es muy peligroso fingir que has conquistado lo que no has conquistado.
- Domina tus tentaciones.
- Pertenece a una comunidad.
- Toma toda la armadura de Dios.

Preguntas para el debate

1. En el film *Una mente brillante*, el esquizofrénico John Nash dijo cuando alguien le preguntó si sus delirios habían desaparecido: "No, no se han ido. Tal vez nunca lo hagan. Pero he aprendido a ignorarlos. Creo que por eso ya no me molestan. Martin, ¿crees que esto es lo que pasa con todos nuestros sueños y nuestras pesadillas? ¿Hay que seguir alimentándolas para que permanezcan vivas?". ¿Qué podemos aprender de él sobre los deseos de nuestra naturaleza pecaminosa?

2. ¿Qué aconseja Pablo en Gálatas 5:16? ¿Por qué? (ver el v. 17).

3. Responde una de las siguientes preguntas:

- En un día normal, ¿qué porcentaje del tiempo ganas en la batalla de control de tus deseos y qué porcentaje pierdes? Si eres cristiano, ¿en qué se diferencia tu batalla espiritual hoy de cuando no conocías a Cristo?

- ¿Cuál es el deseo principal de tu naturaleza pecaminosa que más te preocupa? ¿Por qué? ¿Cuál es la vía de escape y de victoria?

4. En *Una mente brillante*, John Nash también dijo: "Formar parte de una comunidad puede ayudarme. Cierto nivel de relación con lugares y personas conocidos me puede ayudar a desechar estos... ciertos delirios que tengo". ¿Qué grupo puede ser tu "comunidad" para ayudarle a "desechar" tus deseos pecaminosos? ¿Qué tendrías que hacer para que esto fuera una realidad? ¿Qué tendría que hacer el grupo?

CUARTA PARTE

DISCIPLINAS RELACIONADAS CON EL TESTIMONIO PARA DIOS

10

EL HOMBRE Y LA MAYORDOMÍA

AVANCE

En este capítulo, estudiaremos la mayordomía tal como se define en las Escrituras. Para ello:

- **Reconoceremos que la mayordomía es un estilo de vida de decisiones diarias para someternos a la agenda de Dios, porque a Él le pertenece todo.**
- **Entenderemos nuestro papel como cuidadores de lo que es de Él.**
- **Aprenderemos a someter el cien por cien de nuestro tiempo, talento y tesoro a Dios como mayordomos fieles.**

¿Cómo reaccionaste cuando viste el tema de este capítulo? Supongo que has respondido a esta pregunta de una de las dos maneras siguientes:

1. *Refunfuñaste*, resignándote a escuchar un nuevo discurso sobre el diezmo y cómo se debe dar. Tal vez ya estás empezando a sentirte mal porque no das el diezmo. La razón del

sentimiento de culpa es que hay iglesias por toda América que ruegan a los hombres que den el diezmo.

2. *Sonreíste y te frotaste las manos, pensando*: "Yo ya estoy dando el diezmo, o sea, tengo esta disciplina asumida". Esto se debe a que se habla tanto del diezmo que cuando finalmente lo das, piensas que le estás haciendo un gran favor a Dios. ¡Crees que eres una especie de gigante espiritual!

Pues bien, si ya estás dando el diezmo, perfecto. Si quieres jactarte de ello, puede jactarte junto con los fariseos. Cualquier fariseo puede dar el diezmo. De hecho, ese grupo religioso era tan preciso sobre los temas relacionados con el dinero que sus miembros incluso medían las especias que tenían en casa y daban una décima parte de su valor. Pero los fariseos daban el diezmo sin sufrir ningún cambio en el corazón. Jesús dijo que pasaban por alto temas más importantes, como la justicia, el amor, la misericordia y la fidelidad (Mt. 23:23; también Lc. 11:42). Él dijo que tenían que hacer las dos cosas; tenían que dar el diezmo, pero también tenían que concentrarse en los temas generales que revelan el corazón.

¿Crees que Dios quiere el 10% de tu dinero? Olvídalo. No te equivoques, la mayordomía tiene que ver con el dinero. Pero no se trata *solo* de dinero, y mucho menos de un mísero 10%. El 10% no significa nada. Dios no quiere el 10% de tu dinero. Eso sería muy poco. En realidad, Él lo quiere todo.

Cuando das el diezmo, te encuentras solo en el punto de partida de lo que Dios quiere que hagas con tu vida. En este capítulo, exploraremos la *mayordomía*, no el *diezmo*. Dios no quiere solo el dinero. Dios quiere todo tu tesoro, todo tu tiempo y todo tu talento. Lo quiere todo. Como Él tiene un propósito para ti, quiere usarlo para hacer un cambio en el mundo. Permíteme explicártelo con claridad: el 10% no va a ayudar. Él lo quiere todo. La gran idea de este capítulo es: el mayordomo fiel dedica el cien por cien de su tiempo, talento y tesoro a la gloria de Dios.

¿Qué es la mayordomía?

Mi padre era un gran hombre que estableció un nivel de mayordomía que será un desafío para mí durante el resto de mi vida. Cuando murió, en septiembre del 2002, pasé a ser el representante personal de sus bienes. Llegó a mis manos su talonario de cheques. Por mi responsabilidad y porque sentía curiosidad, repasé el talonario. No encontré registrado ningún gasto que me hiciera sentir incómodo. No encontré ninguna entrada que pudiera incomodar a mi padre ni a su Señor.

El ejemplo de mi padre nos enseña una lección de vida crucial. La mayordomía no está relacionada solo con el dinero. La mayordomía es un concepto general sobre nuestra fidelidad con todo el tiempo, el talento y el tesoro que Dios nos ha confiado. Como Pablo escribió en 1 Corintios 4:2, "se requiere de los administradores, que cada uno sea hallado fiel". La mayordomía es la manera en que usamos todos los recursos que Dios nos da.

Mi abuelo abandonó a su familia cuando mi padre tenía solo dos años. La abuela tuvo una embolia tiempo después. Su habla quedó afectada y, durante el resto de su vida, habló de una forma confusa que solo podían entender unas pocas personas. Al andar arrastraba la parte derecha del cuerpo. Estos dos acontecimientos provocaban mucho estrés a la familia. Pronto perdieron la granja de Hayward, Minnesota, e Ida Mae y sus cuatro hijos se trasladaron a la ciudad para vivir con dos hermanas suyas.

Estas tres mujeres criaron a mi padre y a sus tres hermanos mayores. El hermano mayor de mi padre, mi tío Harry, encontró trabajo inmediatamente para ayudar a mantener a la familia. Trabajaba en la panadería antes de ir a la escuela, en la carnicería después de la escuela, y en la gasolinera local los fines de semana. Tenía diez años.

Mi padre empezó a trabajar a los seis años. Se levantaba con su hermano a las tres de la mañana y trabajaban en la panadería, y luego repartían periódicos. Tenían un comunicado de retraso permanente en la escuela.

La herencia de mi padre nunca se podrá medir con dinero o logros materiales. Su misión fue la de romper el ciclo. Su padre abandonó a su familia, fue un delincuente y acabó en la cárcel. Por su fuerza de voluntad y determinación, a pesar de las excusas que podía haber aducido, mi padre se negó a aceptar el papel de víctima. No podía cambiar el pasado, pero se esforzó por cambiar el futuro. Encaminó a la familia por un sendero totalmente nuevo, y creo que esto afectará a muchas generaciones futuras.

La herencia de mi padre no se puede medir con los cánones que la mayoría de las personas consideran ideales. Muchos valoran el éxito por lo lejos que van. La herencia de mi padre se tiene que juzgar en función de cuánto se acercó. ¿Era perfecto? No. ¿Fue un mayordomo fiel? Sí.

Mi padre fue un mayordomo fiel que se concentraba cada día en usar el cien por cien de su tiempo, talento y tesoro para la gloria de Dios. No puedo recordar un solo hecho poco honrado. No recuerdo que hablara mal de nadie ni que hiciera algo que descuidara o deshonrara a mi madre. Esto sí que es una gran herencia. Esto es lo que significa ser un mayordomo fiel. No se trata de la manera en que gestionamos el dinero o los logros. Se trata de mirar honradamente de dónde vinimos, valorar nuestros recursos, aunque sean escasos, y luego usar humildemente y con gratitud todo lo que nos ha sido confiado para dar gloria a Dios.

¿Por qué es importante la mayordomía?

Expresamos nuestra gratitud a Dios

Las personas que reducen la mayordomía a un tema económico parece que caen en el error de que Dios necesita el 10% de su dinero. En pocas palabras, ¿por qué debería Dios interesarse en el 10%, si ya es el propietario del cien por cien? Él no necesita nuestro dinero. Nosotros necesitamos darle dinero mucho más de lo que Dios necesita recibirlo.

Francamente, tu 10% no va a ser un gran negocio para Dios. Él no se está restregando las manos en función de nuestro diezmo. Tiene todos los recursos que necesita para cumplir su voluntad. Si Jesús pudo tomar cinco panes y dos peces de un muchacho de la multitud y alimentar a cinco mil personas hasta que se saciaron —y quedaron sobras—, mi pequeña parte de dinero no le va a afectar ni negativa ni positivamente.

Así pues, el diezmo no es la necesidad de Dios de recibir; se trata de nuestra necesidad de dar. Diezmar no nos hace ganar el favor de Dios. En cambio, nos proporciona la oportunidad de expresar nuestra gratitud a Dios por lo que nos da y de participar en la construcción de su reino. Lo que hace el diezmo es ayudarnos a recordar que toda cosa buena viene de Él.

El diezmo no es una bendición *para* Dios, sino *de* Dios. El diezmo, instituido por Abraham, es una manera de agradecer al que nos ha bendecido: 90% por la vida temporal, 10% (o más) por la vida espiritual. El mayordomo fiel no es una persona tacaña que calcula el 10% para ponerlo en la colecta cada domingo. El mayordomo fiel dedica el cien por cien de su tiempo, talento y tesoro a la gloria de Dios.

Sabemos que "Todas las cosas... son tuyas"

En 1 Crónicas 29, vemos que el rey David lo sabía; entendía la mayordomía como la acabamos de describir. Este pasaje nos presenta a David en edad avanzada, acercándose al final de su vida. Ha recolectado recursos para el templo que construirá su hijo Salomón. Las personas se han acercado a esta actividad, tal vez incluso yendo más allá del diezmo. Las palabras siguientes son unas de las últimas que oímos del rey David:

> "Bendito seas tú, oh Jehová, Dios de Israel nuestro padre, desde el siglo y hasta el siglo. Tuya es, oh Jehová, la magnificencia y el poder, la gloria, la victoria y el honor; porque todas las cosas que están en los cielos y en la tierra son tuyas..." (1 Cr. 29:10-11).

¿No es increíble? David dice a Dios: "Todas las cosas que están en los cielos y en la tierra son tuyas". T-U-Y-A-S. La Biblia dice que "todo" pertenece a Dios. Luego David añade:

> "Tuyo, oh Jehová, es el reino, y tú eres excelso sobre todos. Las riquezas y la gloria proceden de ti, y tú dominas sobre todo; en tu mano está la fuerza y el poder, y en tu mano el hacer grande y el dar poder a todos" (vv. 11-12).

¿De dónde proceden las riquezas, el honor y la fuerza? Provienen de Dios. No es de extrañar que David continuara exclamando:

> "Ahora pues, Dios nuestro, nosotros alabamos y loamos tu glorioso nombre. Porque ¿quién soy yo, y quién es mi pueblo, para que pudiésemos ofrecer voluntariamente cosas semejantes? Pues todo es tuyo, y de lo recibido de tu mano te damos" (vv. 13-14).

Podríamos considerar muchos pasajes más de la Palabra de Dios que presentan estas ideas, pero este resume adecuadamente toda la perspectiva bíblica sobre el origen de nuestras posesiones y sobre nuestra mayordomía.

Todo lo que tenemos proviene de Dios y pertenece a Dios. Si eres cristiano, ni siquiera eres propietario de ti mismo. Has sido comprado con la sangre de Jesucristo, por medio de su muerte. Todo lo que tienes es dado como a un administrador, por lo tanto tienes que demostrar que eres fiel. El apóstol Pablo escribió:

"Ahora bien, se requiere de los administradores, que cada uno sea hallado fiel" (1 Co. 4:2). De cara al gobierno y al orden, es posible que tengas escrituras o títulos de casas y automóviles. Puede que tengas cuentas bancarias y certificados. Pero, como creyente, no eres el propietario de nada; todo le pertenece a Dios.

Antes de que mi padre muriera, él tenía unos documentos que decían que era el "propietario" de una casa. Pero él era simplemente el administrador de Dios. Estaba administrando el uso de su auto. Su esposa y sus hijos eran en realidad propiedad de Dios y los recibió como administrador. Como mayordomo fiel, su privilegio era cuidar y disfrutar de ellos.

Nuestra comprensión de la "propiedad" afecta a nuestras decisiones en todos los niveles. Esta es la base de la mayordomía bíblica. Cualquier fariseo puede dar el diezmo, pero el mayordomo fiel dedica cien por cien de su tiempo, talento y tesoro a la gloria de Dios.

Vivir un compromiso con la mayordomía

El llamamiento a la obediencia

En el nivel más básico, la mayordomía exige obediencia a la Palabra de Dios. Hace años, en nuestra cultura, la palabra *obedecer* tenía connotaciones positivas. Incluso en la actualidad, otras culturas valoran bien la actitud que se ajusta a las normas del grupo. Pero, en nuestra cultura contemporánea occidental, la obediencia parece sugerir debilidad y sumisión.

Mi generación destrozó el atractivo de la obediencia con el lema "abajo la clase dirigente". Se habla de la generación X como iniciadores del movimiento postmoderno, con su resistencia a la autoridad. Pero, en realidad, mi generación empezó por ese camino. Los *baby boomers* fueron la primera generación contemporánea en atacar masivamente el ideal de la obediencia y la sumisión a la autoridad.

Obedecer porque lo amamos

Sin embargo, Dios requiere que le rindamos el control a Él; el control de nuestros bienes materiales, nuestro tiempo, nuestros destinos, nuestras familias, nosotros mismos. Él dice: "Si no lo puedo tener todo, no quiero nada. Si no puedo tenerte a ti, no quiero tus cosas". Requiere fidelidad y sumisión diaria a su agenda. Solo podemos conseguirlo si obedecemos su Palabra.

Esto puede parecer opresivo, pero su Palabra nos asegura que no lo es. El apóstol Juan escribió: "Pues este es el amor a Dios, que guardemos sus mandamientos; *y sus mandamientos no son gravosos*. Porque todo lo que es nacido de Dios vence al mundo" (1 Jn. 5:3-4, cursivas añadidas). Nuestra obediencia no es opresiva, porque procede de nuestro amor a Dios y es engendrada por nuestra libertad en Jesús. Por medio de Cristo, podemos ser liberados de cualquier cosa que nos mantiene en esclavitud. Hemos sido liberados para obedecer la Palabra de Dios, en lugar de seguir siendo esclavo del "libre albedrío". El libre albedrío no es lo que a voces se proclama que es.

El apóstol Pablo nos recuerda que permanecer aferrados a nuestra voluntad propia en realidad nos esclaviza de otra manera. "¿No sabéis —dice— que si os sometéis a alguien como esclavos para obedecerle, sois esclavos de aquel a quien obedecéis, sea del pecado para muerte, o sea de la obediencia para justicia?" (Ro. 6:16). Todos servimos a algo. La mayordomía bíblica significa que elegimos servir a Dios.

Sugerencias para aplicar la disciplina de la mayordomía

Si estamos de acuerdo en que la mayordomía empieza obedeciendo la Palabra de Dios, la aplicación de esta disciplina presupone que estás leyendo y estudiando la Biblia. Hagamos un rápido estudio para ver qué dice la Biblia sobre la mayordomía.

1. No te obsesiones con tus posesiones.

Empezaremos con 1 Corintios 7:30-31, que proporciona un consejo significativo sobre cómo debemos gestionar nuestras posesiones. En contexto, el pasaje sugiere que nuestro tiempo en esta tierra es corto. Tendríamos que vivir con este conocimiento, para que "los que compran" lo traten "como si no poseyesen; los que disfrutan de este mundo, como si no lo disfrutasen. Porque la apariencia de este mundo se pasa". El punto de vista de la eternidad hace que no nos aferremos con demasiada fuerza a nuestras posesiones.

2. Cuida de las posesiones que tienes de verdad.

Sin embargo, otros pasajes bíblicos indican que no debemos desatender los bienes materiales que Dios nos confía. No se nos pide que nos apartemos del mundo, suponiendo que el Señor cuidará de nosotros sin tener en cuenta nuestra planificación o preparación. Las Escrituras nos piden un enfoque equilibrado de la mayordomía, aceptar que Dios es el propietario de todo, pero que confía en nosotros el cuidado de sus posesiones. Proverbios 12:27, por ejemplo, nos dice: "haber precioso del hombre es la diligencia". Esto significa que si Dios te permite tener auto, debes lavarlo y cambiar el aceite. Tienes que cuidar de él.

3. Planifica para el futuro.

Proverbios 21:20 dice: "Tesoro precioso y aceite hay en la casa del sabio". Este versículo dice al mayordomo sabio que planifique para su futuro financiero. Nadie más puede ni debe cuidar financieramente de ti. Tienes que responsabilizarte de tu retiro o jubilación, muerte prematura o incapacidad (temporal o permanente). Proverbios 27:23-24 describe el proceso que anima este hecho. Dice así: "Sé diligente en conocer el estado de tus ovejas, y mira con cuidado por tus rebaños; porque las riquezas no duran para siempre; ¿y será la corona para perpetuas generaciones?". Básicamente, este pasaje dice: "Sé diligente en saber qué pasa con tus bienes, porque no hay ninguna garantía de que existan para siempre".

4. Da el 10% de tus ingresos a la obra de la iglesia.

Me gusta pensar en el 10% como un impuesto. Sale del total, incluso antes de pagar el impuesto sobre ingresos. Si el ingreso es el fruto de una transacción, deduzco los gastos antes de calcular el diezmo. Si eres un vendedor autónomo o el propietario de un negocio, sin duda tienes que deducir los gastos del negocio, luego calcula el diezmo de tus ingresos.

No calcules el diezmo de tus ingresos después de los impuestos. Si has ganado 50.000 dólares y has pagado 10.000 de impuestos, calcula el diezmo sobre 50.000. Es así como lo hago yo. Si calculas el diezmo sobre 40.000, ahorras 1.000, pero ¿realmente ahorras?

Si das el diezmo, no te sientas culpable de no dar más y no permitas que nadie te diga lo contrario. Pero esto no significa que no puedas dar más, y yo te animo a que lo hagas. Algunos cristianos creen que el 10% íntegro tiene que ser para su iglesia local. Otros creen que parte del 10% puede darse a ministerios cristianos. El punto de vista más conservador, evidentemente, es darlo todo a tu iglesia. Es un tema de conciencia personal. Ten preferencia por tu iglesia local, pero siéntete libre también de ayudar a ministerios que trabajan para el bien de la iglesia. Dar a organizaciones benéficas sin misión cristiana no forma parte del 10%.

5. Da más de un décimo en función de la bendición de Dios y en función de cómo te sientas.

El motivo por el cual me gusta pensar en el diezmo como un impuesto es que, una vez pagado, mi obligación está satisfecha. No tengo que sentirme culpable de no dar más. Más bien lo contrario. ¡Me siento muy bien por dar el 10%! No obstante, a veces mi esposa y yo sentimos que queremos hacer algo extraordinario. No es una obligación, pero lo hacemos porque podemos. Lo hacemos porque estamos muy agradecidos por la bendición de Dios para con nosotros en un momento particular. O a veces hemos dado con sacrificio por una gran necesidad. De todos modos, recuerda que no es una obligación y que no te hará más agradable ante Dios de lo que ya eres.

6. Sé un buen mayordomo de tu vida privada.

Si te estrellas contra la pared, todos estaremos apenados, pero nadie se sentirá culpable. Todo hombre tiene que responsabilizarse de su vida. Presta atención a los siguientes cinco aspectos, de los que no se ocupará nadie más que tú:

- tu relación con Dios,
- tus finanzas personales,
- tu salud,
- tu relación con tu esposa (si tienes esposa) y
- tu relación con tus hijos (si tienes hijos).

Hace varios años, un amigo me dijo que estaba trabajando setenta horas por semana. Hablamos de reducir las horas de trabajo. No lo hizo. Al cabo de unos años, perdió su trabajo de ejecutivo. Hablamos de nuevo y le sugerí: "Esto es la gracia de Dios para impedir que te destruyas a ti mismo. No te entristezcas. En cambio, alaba al Señor por salvarte y úsalo como una oportunidad para calibrar de nuevo tu vida a un ritmo bíblico". Dios ama demasiado a los hombres como para quedarse sentado y mirar cómo se estrellan contra una pared a 150 kilómetros por hora.

7. Sé un buen mayordomo de tu familia.

Esto es tan importante que merece una mención especial. Cuando Dios nos da el don de una esposa y tal vez incluso hijos, nos está confiando una administración sagrada de la cual somos responsables. Como mencionamos antes, el mayordomo dedica el cien por cien de su tiempo, talento y tesoro para la gloria de Dios. Después de Él, nuestra familia merece la mayor parte de nuestro tiempo.

¿Cómo administramos el tiempo de nuestra familia? Establece tus horas de trabajo y respétalas. En mi caso, la hora límite siempre ha sido las seis de la tarde. Trabajo al máximo hasta las seis y luego cierro. Da igual lo que pase, no trabajo por la noche y no trabajo el fin de semana. Cuando empecé a viajar y dar conferencias, hicimos una reunión familiar y decidimos limitar mis viajes a cinco noches al mes como máximo. ¿Hubo excepciones? No, porque mi familia siempre ha sido una prioridad más importante que el trabajo. Tal vez yo disponga de más flexibilidad que tú. Pero es posible que tengas más flexibilidad de lo que piensas. Nunca es malo preguntar.

Muchos hombres dejan a un lado sus familias mientras están trabajando, pero luego cuando llegan a casa no dejan a un lado su trabajo. ¡Esto es una administración pobre! Hombres, si no tienen suficiente tiempo para su familia, pueden estar cien por cien seguros de que no están cumpliendo la voluntad de Dios para su vida.

Yo solía conducir durante diez minutos para ir a casa después del trabajo. En ese tiempo, dejaba que mi mente pensara sobre el trabajo hasta que llegaba a un pequeño puente en Howell Branch Road. Ese puente se hallaba a unos tres minutos de casa. Tomaba todos los papeles, figuradamente, y los ponía en un maletín imaginario, lo cerraba, lo lanzaba por la ventanilla y veía, en mi mente, cómo caía en el riachuelo. Lo hacía para aclarar mis pensamientos, con el fin de llegar a casa preparado para volver a conectarme con mi familia. De hecho, lo primero que hacía era dedicarme quince minutos a mí mismo para lavarme la cara, ponerme los *jeans* y luego preguntar a Patsy cómo le iba.

A partir de ese momento, básicamente, me entregaba a mis hijos. Jugaba repetidas veces a diversos juegos de mesa que solo requieren el coeficiente intelectual de un pez. Odiaba esos juegos por la misma razón que les encantaban a mis hijos. Y es que, juegue como juegue, el otro jugador siempre ganará la mitad de partidas.

La mayordomía es una disciplina retadora porque afecta a todos los aspectos de la vida. Pero el mayordomo fiel no es nada más que un hombre que ha rendido su agenda a Dios, aceptando y viviendo en sumisión a sus planes. Esto suena muy parecido a la definición de un cristiano. Así, la mayordomía es más que una "opción" de un menú extenso. No se trata de lo tomas o lo dejas. Forma parte del contrato. La mayordomía es el estilo de vida inevitable de un cristiano auténtico. Por eso, uno de mis credos es: ninguna agenda, solo Dios; ninguna agenda, solo la de Dios.

Padre, desde el principio de los tiempos, nuestra reticencia a aceptar que tú eres Dios y que nosotros somos tus siervos nos ha alejado de ti. No hemos querido someternos a tu agenda ni obedecer tus directrices. Hemos considerado la mayordomía como un tema marginal relacionado solo con nuestras decisiones financieras. Recuérdanos que la mayordomía es una decisión de estilo de vida, de someternos a ti como un siervo lo haría a su señor. Que queramos nosotros dejar una herencia de fidelidad. No quiero que te sientas incómodo por lo que figura en mi talonario ni en mi calendario. Quiero invertirme personalmente en tus propósitos y tus planes. Quiero ser un buen mayordomo de los recursos que me has dado. Pero sé que solamente puedo hacerlo por tu sabiduría y fuerza. Te pido ayuda. En el nombre de Jesús. Amén.

Ideas principales

- El mayordomo fiel dedica cien por cien de su tiempo, talento y tesoro a la gloria de Dios.
- El diezmo, instituido por Abraham, es una manera de bendecir al que nos ha bendecido a nosotros.
- No te obsesiones con sus posesiones.
- Cuida las posesiones que tienes.
- Planifica para el futuro.
- Da más del diezmo (10%) en función de la bendición de Dios y de cómo te sientes.
- Sé un buen mayordomo de ti mismo y de tu familia.
- La mayordomía es el estilo de vida obligatorio del cristiano auténtico.

Preguntas para el debate

1. ¿Por qué la mayordomía debe ser un "disciplina" si deseas convertirte en un buen mayordomo?

2. Lee los pasajes indicados a continuación y decide si el personaje principal fue un mayordomo bueno o malo. Explica por qué.

Mateo 19:16-24

Lucas 21:1-4

3. ¿Cuál es el punto de aplicación principal para ti en 1 Crónicas 29:10-19? ¿Y en 1 Corintios 4:2?

4. Responde una de las siguientes preguntas:

- ¿Has sido un buen mayordomo de tu tiempo? Razona tu respuesta.
- ¿Has sido un buen mayordomo de tu talento? Razona su respuesta.
- ¿Has sido un buen mayordomo de tu tesoro? Razona tu respuesta.
- ¿Cuál de las siguientes palabras describe mejor tu mayordomía? ¿Por qué? Obsesión, preocupación, presunción, negligencia, compromiso o fidelidad.

5. ¿Qué te gustaría cambiar como resultado de la lectura de este capítulo?

11

EL HOMBRE Y EL SERVICIO

AVANCE

En este capítulo, hablaremos de la disciplina espiritual del servicio. Para ello haremos lo siguiente:

- **Veremos que el estilo de vida centrado en el servicio va en contra de nuestros deseos naturales y nuestra cultura.**
- **Hablaremos de las motivaciones del servicio.**
- **Enumeraremos algunas maneras en las que el servicio formará parte de nuestras vidas diarias.**

Desde un punto de vista práctico, el estilo de vida centrado en uno mismo sencillamente no funciona. No te hará feliz. De hecho, te entristecerá. Pero es posible que ya lo sepas. Hace miles de años, Salomón descubrió que esto era cierto. Probó todos los caminos terrenales posibles para encontrar la felicidad: estudios científicos, logros musicales, logros literarios y formación. Se dedicó en cuerpo y alma a su trabajo, y obtuvo con ello una inmensa fortuna, que gastó en grandes proyectos sociales, obras públicas y edificios.

Salomón era el director general del grupo de empresas más grande del mundo, el presidente de su país, el comandante en jefe, número uno de la lista *Forbes* de millonarios, el mayor mecenas del arte, el poeta oficial de su nación, un científico galardonado con el premio Nobel, un constructor cuyos edificios hubiesen superado a Trump y el propietario de una flota de barcos mercantes. Era el profesor del año y más famoso que Lance Armstrong y la serie de televisión *American Idol*. Es así como resumió su vida:

> "No negué a mis ojos ninguna cosa que desearan, ni aparté mi corazón de placer alguno, porque mi corazón gozó de todo mi trabajo; y esta fue mi parte de toda mi faena. Miré yo luego todas las obras que habían hecho mis manos, y el trabajo que tomé para hacerlas; y he aquí, todo era vanidad y aflicción de espíritu, y sin provecho debajo del sol" (Ec. 2:10-11).

Y luego añadió: "Aborrecí, por tanto, la vida" (v. 17). ¡La vida centrada en uno mismo no es para tanto! El precio de obtener lo que quiere es obtener lo que quiere.

¿Qué es el servicio?

Un socio directivo de una de esas empresas que tienen un nombre largo, que acababa de finalizar un proyecto de servicio, dijo: "Pat, no sé qué pasa, pero me siento más feliz ahora de lo que me he sentido en toda mi vida". Esto constituye la esencia del servicio. Este casi siempre implica sacrificio, aunque a menudo sentiremos que ganamos más de lo que damos. Como la mayordomía, implica sumisión a la agenda de Dios. Significa centrarse en otra persona en lugar de en uno mismo.

Como siervos, somos responsables de ayudar a cualquier persona cuya necesidad vemos y cuya necesidad podemos solucionar. Pero *no* somos responsables de las necesidades que desconocemos o que conocemos pero no podemos, o no debemos, resolver. Por ejemplo, perderse los partidos de fútbol de tus hijos cada sábado para ayudar a viudas con las reparaciones propias de una casa no suena muy bien.

Jesús no quiere que nos sintamos culpables por lo que no pudimos hacer ni que olvidemos (o subestimemos) lo que sí podíamos hacer. En cambio, esto es lo que más le gusta al diablo. El diablo quiere tomar nuestras buenas obras y convencernos de que siempre son insuficientes: "Podrías haberlo hecho mejor. Deberías haber hecho más. ¿Qué pasó con...? ¿Por qué no ayudaste a...? Dejaste algo por hacer".

Desarrollar la mentalidad del siervo

Tal como sucede con todas las disciplinas espirituales, no procuramos desarrollar una mentalidad de servicio solo porque queremos captar la atención de Dios o mejorar nuestra ficha espiritual. De hecho, el servicio nace de una relación madura con Jesucristo. Es así como funciona: al inicio de tu viaje espiritual, no tenías suficiente de Jesús para ti y mucho menos para dar a los demás. Realizabas buenas obras como un deber. Pero, con el paso del tiempo, empezaste a llenarte en tu relación personal con Jesús. Empezaste a sondear las profundidades de su santidad, misericordia, amor y gracia. Te sentías impresionado por su poder, grandeza y majestad. Te sentías humillado por lo poco que habías valorado la obra de Jesús. Y creciste.

Entonces, llegó un momento en el que finalmente tenías suficiente Jesús para ti. Te sentías lleno en tu relación con Él. Esto te estimuló para un mayor crecimiento. Al cabo de otro par de años, un día te diste cuenta de que estabas rebosando de Jesús. No solo tenías suficiente de Cristo para ti, sino que además te quedaba para dar a otras personas.

De hecho, estabas tan lleno que sentías como si fueras a explotar si no dabas algo de Él a los demás. Es así como se tiene que sentir el siervo; no puede ser feliz si no hace algo para servir. Todo lo que sea inferior a esto será un fracaso.

Tal vez hayas llegado a este punto o tal vez no. El servicio es una de las disciplinas más avanzadas. Si no puedes servir con gratitud abundante, no lo hagas. No hagas ver que has alcanzado ya lo que todavía es una ambición. En cambio, sigue a Cristo y permite que Él te arregle, llene, edifique y forme. Cuando llegue el momento adecuado, sabrás qué hacer.

Evidentemente, si un hombre "nunca" se siente impulsado a servir, significa que o bien (1) no está creciendo como discípulo, o bien (2) no está en Cristo.

Jesús: nuestro ejemplo para el servicio

Mateo 20 presenta una historia interesante sobre los discípulos Jacobo y Juan. Cuenta que su madre fue a Jesús y le pidió que sus hijos recibieran el honor de sentarse a su derecha y a su izquierda en su reino. Jesús les dijo: "No sabéis lo que pedís. ¿Podéis beber del vaso que yo he de beber?… A la verdad, de mi vaso beberéis… pero el sentaros a mi derecha y a mi izquierda, no es mío darlo, sino a aquellos para quienes está preparado por mi Padre" (ver Mt. 20:22-23).

Ponte por un momento en el lugar de los otros diez discípulos. ¿Cómo reaccionarías si supieras que dos miembros de tu grupo han intentado colocarse por encima de ti? Seguramente adivinarás que los otros discípulos estaban indignados.

Jesús respondió: "Sabéis que los gobernantes de las naciones se enseñorean de ellas, y los que son grandes ejercen sobre ellas potestad. *Mas entre vosotros no será así, sino que el que quiera hacerse grande entre vosotros será vuestro servidor, y el que quiera ser el primero entre vosotros será vuestro siervo; como el Hijo del Hombre no vino para ser servido, sino para servir, y para dar su vida en rescate por muchos*" (vv. 25-28, cursivas añadidas).

Y no solamente lo dijo, lo hizo. Y no solo dijo esto, sino que también agregó: "El que quiera ser grande, también debe hacer esto". Jesús cambió el orden del mundo. En su administración, obtenemos grandeza a través del servicio, por medio de la abnegación, tomando nuestra cruz y siguiendo su ejemplo.

¿Qué hizo Jesús?

El siervo es alguien que va donde iría Jesús para hacer lo que Jesús haría. Si queremos seguir su ejemplo, tenemos que saber dónde iría y qué haría Él. En Juan 13 vemos a Jesús celebrando la pascua con sus discípulos. Este pasaje dice que, mientras se servía la cena, Jesús se quitó su manto. Tomó una toalla, puso agua en un recipiente y empezó a lavar los pies de sus discípulos.

> "Así que, después que les hubo lavado los pies, tomó su manto, volvió a la mesa, y les dijo: ¿Sabéis lo que os he hecho? Vosotros me llamáis Maestro, y Señor; y decís bien, porque lo soy. Pues si yo, el Señor y el Maestro, he lavado vuestros pies, vosotros también debéis lavaros los pies los unos a los otros. *Porque ejemplo os he dado, para que como yo os he hecho, vosotros también hagáis*. De cierto, de cierto os digo: El siervo no es mayor que su señor, ni el enviado es mayor que el que le envió. Si sabéis estas cosas, bienaventurados seréis si las hiciereis" (Jn. 13:12-17, cursivas añadidas).

Es evidente que Jesús no limita el servicio a lavarnos los pies los unos a los otros ni tampoco sugiere, en este tema, que lavar los pies es lo que tenemos que hacer. De hecho, nuestro servicio sin duda no será lavar los pies, pero podría ser ayudar a alguien a comprar zapatos, los zapatos que cubrirán los pies. Lo que Jesús está buscando aquí es la actitud. En vez de esperar ser servidos, elegiremos tomar la iniciativa y servir a otros.

¿Qué podemos hacer para imitar a Jesús?

En su libro *Celebración de la disciplina*, Richard Foster comenta este texto de Juan 13 y lo relaciona con la disciplina del servicio. Dice así:

> Del mismo modo que la cruz es el símbolo de la sumisión, la toalla es el símbolo del servicio. Muchos de nosotros sabemos que nunca seremos los mejores, pero, por lo menos, no seamos los más pequeños.
>
> Por eso Jesús tomó una toalla y una vasija, y redefinió la grandeza.
>
> De algún modo, preferiríamos el llamamiento de Jesús a negar a padre, madre, casas y tierras por el bien del evangelio que esta palabra de lavar los pies. La abnegación radical proporciona un sentimiento de aventura. Si tenemos la posibilidad de abandonarlo todo, tenemos la posibilidad del martirio glorioso. Pero en el servicio tenemos que experimentar las numerosas pequeñas muertes de ir más allá de nosotros mismos. El servicio nos destierra a lo prosaico, lo ordinario, lo trivial.[1]

Todos estaremos de acuerdo en que vivir una vida de servicio no es fácil. A pesar de ello, algunas personas parecen más propensas a entrar en este terreno de forma natural que otras. Algunos hombres tienen una gran motivación para el servicio, mientras que otros son poco entusiastas. Sin duda parte de la diferencia se debe a los dones espirituales, pero también depende de nuestras motivaciones. El pasaje de Juan 13 que describe a Jesús lavando los pies de los discípulos también indica sus motivos para hacerlo.

Este pasaje dice: "sabiendo Jesús que el Padre le había dado todas las cosas en las manos, y que había salido de Dios, y a Dios iba, se levantó de la cena" y sirvió (Jn. 13:3-4). Jesús entendía su verdadera identidad. Al conocer quién era y adónde iba, estaba libre para servir. Del mismo modo, nuestra habilidad para elegir un estilo de vida de servicio brotará de la comprensión de quiénes somos y adónde vamos, debido a nuestra relación con Cristo.

Como Isaías, todo hombre que conoce a Cristo ha hallado al Dios vivo. Tarde o temprano, todo creyente oye algunas de las palabras que oyó Isaías: "¿A quién enviaré, y quién irá por nosotros?". Cuando hayamos aclarado el tema de quiénes somos y quién es Él, nuestra respuesta natural será como la de Isaías: "Heme aquí, envíame a mí" (Is. 6:8).

El motivo para seguir el ejemplo de Jesús surge de presentarnos regularmente ante este Dios santo. Al final, nuestra gratitud por su favor nos inundará con un deseo de servir. Por ello, si no sientes el deseo de servir a Dios, no pierdas el tiempo haciendo algo que no quieres hacer, pero sí tienes que acudir a la presencia de Dios. Por medio del estudio bíblico, la oración, la meditación y la adoración, sondea las profundidades de su santidad, su justicia, su omnipotencia, su benevolencia, su gracia y su misericordia. Busca al Rey de reyes y Señor de señores, al Alfa y Omega, al Dios trascendente, al Cristo inminente. Acude a Jesús y, a su debido tiempo, te verás motivado a servir.

Sugerencias para practicar la disciplina del servicio

Sugerencias del apóstol Pedro

Puesto que el servicio surge dondequiera que el amor al prójimo detecta una necesidad, sus expresiones son tan poco limitadas como nuestra imaginación. La primera epístola de Pedro nos dice: "Y ante todo, tened entre vosotros ferviente amor; porque el amor cubrirá multitud de pecados" (1 P. 4:8). Luego Pedro sugiere lo siguiente:

> "Hospedaos los unos a los otros sin murmuraciones. Cada uno según el don que ha recibido, minístrelo a los otros, como buenos administradores de la multiforme gracia de Dios. Si alguno habla, hable conforme a las palabras de Dios; si alguno ministra, ministre conforme al poder que Dios da, para que en todo sea Dios glorificado por Jesucristo" (vv. 9-11).

Donald Whitney, autor de *Spiritual Disciplines for the Christian Life* [Disciplinas espirituales para la vida cristiana], resume la expresión contemporánea de este pasaje como sigue:

> El ministerio del servicio puede ser tan público como predicar o enseñar, pero normalmente será tan escondido como las voluntarias de la guardería de la iglesia. Puede ser tan visible como cantar un solo, pero normalmente pasará tan inadvertido como hacer funcionar el equipo de sonido para amplificar ese solo. El servicio puede ser tan apreciado como un buen testimonio en un culto de adoración, pero suele ser tan poco agradecido como lavar los platos después de alguna actividad de la iglesia. La mayor parte del servicio, incluso el que parece más espectacular, es como un iceberg. Solo el ojo de Dios ve siempre la parte más grande y escondida.[2]

Más allá de las paredes de la iglesia, el servicio también incluye hacer el turno de trabajo de un compañero para que pueda visitar a un abuelo gravemente enfermo, hacer un recado para alguien que cobra por hacerte recados, llevar comidas a familias necesitadas (muy interesante si lo haces con tus hijos), ofrecer transporte a alguien a quien se le ha averiado el auto, alimentar a los animales o regar las plantas de vecinos que están de vacaciones y, lo más difícil, tener un corazón de siervo en casa. El servicio es tan común como las necesidades prácticas que quieres solucionar y, por este motivo, tiene que ser una disciplina, un hábito cultivado.

El guerrero y el copero

Los hombres quieren cambiar las cosas. Esta verdad se destaca en una impresionante escena de la película *La caída del halcón negro*. Un soldado dice:

—¿Cree usted verdaderamente en esta misión hasta la médula, Sargento?

El sargento responde:

—Estas personas no tienen trabajo, comida, estudios ni futuro. Creo que tenemos dos opciones: podemos ayudar, o podemos sentarnos y mirar en la CNN cómo el país se destruye solo. A mí me entrenaron para luchar. ¿Y a usted? A mí me entrenaron para cambiar las cosas.

También tenemos el enfoque del escritor cristiano Gary Smalley. Cada día, al despertarse, toma su copa vacía imaginaria, se pone en fila y va a su encuentro con Jesús. Luego, durante el día, va vaciando su copa sirviendo a los demás. Al día siguiente, se levanta, toma su copa vacía, se pone en línea y empieza otra vez.

Tanto el guerrero como el copero son metáforas potentes de cómo podemos servir a Dios. Tanto si el Señor te indica que luches por tu país como que sirvas humildemente a los demás, una de las pruebas más grandes de que eres un discípulo es que des mucho fruto. Cristo lo expresó de la siguiente manera: "En esto es glorificado mi Padre, en que llevéis mucho fruto, y seáis así mis discípulos" (Jn. 15:8).

Padre, gracias por los hombres dedicados que leen este libro porque quieren aprender a conocerte mejor y amarte más. Gracias por ayudarnos a mirar de forma diferente las cosas más normales. Gracias por recordarnos que los valores de tu reino son al revés de los valores del mundo. Señor, ayúdanos a practicar la disciplina del servicio en nuestras vidas. Enséñanos lugares que hemos pasado por alto y muéstranos oportunidades adicionales. Ayúdanos a dar mucho fruto. Lo pedimos en el nombre de Jesús. Amén.

Ideas principales

- Como siervos, somos responsables de ayudar a cualquiera cuya necesidad vemos y cuya necesidad podemos solucionar.
- Es así como tiene que sentirse el siervo: como si no pudiera ser feliz si no hace algo para servir.
- El siervo es alguien que va adonde iría Jesús y hace lo que Jesús haría.
- Cuando hemos resuelto el tema de quiénes somos nosotros y quién es Él, nuestra respuesta natural será como la de Isaías: "Heme aquí, envíame a mí".
- Acude a Jesús y, a su debido tiempo, te sentirás motivado para servir.
- Puesto que el servicio surge cuando el amor al prójimo ve una necesidad, sus manifestaciones son tan ilimitadas como nuestra imaginación.

Preguntas para el debate

1. Con tus propias palabras, explica por qué el cumplimiento bíblico del servicio no es un esfuerzo para obtener el favor de Dios haciendo "buenas obras".

2. Describe a un hombre que conozcas que esté muy motivado para servir a los demás. ¿Qué crees que lo motiva?

3. A la luz de lo que has aprendido en este capítulo, especialmente por las explicaciones de Juan 13 e Isaías 6, lee los siguientes versículos y explica cómo proporcionan motivación para el servicio:

Efesios 2:10

Juan 15:8

Filipenses 2:5-11

Santiago 1:27

Santiago 2:14-17

4. ¿Cómo estás sirviendo a Cristo? ¿Cuánto más tiene que aumentar tu deseo de servirle? ¿Qué harás a continuación?

12

EL HOMBRE Y LA EVANGELIZACIÓN

AVANCE

En este capítulo, trataremos la disciplina espiritual de la evangelización. Para ello haremos lo siguiente:

- **Examinaremos lo que Dios ve cuando Él mira a los hombres y a las mujeres.**
- **Haremos un inventario de las cosas que hacen que los hombres se abran a una explicación razonable del cristianismo.**
- **Dibujaremos la descripción del cristianismo proporcionada por el apóstol Pablo.**
- **Enumeraremos algunas maneras de practicar efectivamente la disciplina de la evangelización.**

Tal vez te sorprendas al ver que he incluido la evangelización como una de las disciplinas espirituales. Hay personas que me dicen: "Pat, tienes el don de la evangelización". No es cierto. Es cierto que evangelizo mucho, pero lo hago como una disciplina. La evangelización no es mi interés natural, ni tampoco mi don espiritual. Lo hago por la siguiente declaración de Jesús, nuestro

Maestro: "recibiréis poder, cuando haya venido sobre vosotros el Espíritu Santo, y me seréis testigos en Jerusalén, en toda Judea, en Samaria, y hasta lo último de la tierra" (Hch. 1:8).

Evidentemente, según este versículo, parte de lo que significa ser un discípulo es ser un testigo, ya sea por don o por disciplina. Así, miro este versículo y me digo: "Estoy dispuesto a sustituir la falta de interés natural por un poco de disciplina". Lo hago por Jesús. También lo hago por los hombres.

Soledad cósmica

John Heisman, el entrenador de fútbol americano de Georgia Tech, de quien recibió el nombre el Heisman Trophy [Trofeo Heisman], era un hombre duro. Una vez, con el balón en la mano, dijo a su equipo: "Caballeros, sería mejor morir de niño que perder este balón". Duro, ¿verdad?

Todos conocemos a hombres como este, más duros que los clavos y el granito. Parecen inexpugnables. Pero también sabemos que cada uno de estos hombres necesita, necesita desesperadamente, a Jesucristo, aunque no sea consciente de ello. En cambio, rinden culto a sustitutos artificiales, pequeños "cristos". Pero aun los tipos duros como John Heisman, después de dedicar veinte, treinta o incluso cuarenta años a una filosofía concreta, llegan a la conclusión de que su visión de la vida los deja vacíos.

Toda persona que no conoce a Cristo ha hecho que alguien o algo sea su sustituto de Cristo. Es el fracaso de la necesidad de adorar. Sucede porque cada uno de nosotros quiere satisfacer el profundo deseo del corazón humano de significado, sustancia, propósito y amor verdaderos. Desdichadamente, sin Cristo, esta búsqueda siempre fracasa. Al final, los pequeños cristos decepcionan, a menudo en el peor de los momentos, y una soledad cósmica se extiende por el alma del hombre, dejando una mancha oscura. No solo se sienten solos en el mundo (que ya es malo en sí), sino solos en el universo. Son vagabundos cósmicos que no pueden encontrar descanso.

Una vez vi un póster colgado en una pared de una escuela que decía: "O estamos solos en el universo o no lo estamos. Las dos ideas son abrumadoras". La soledad cósmica es un sentimiento estremecedor. Y conviene que tú o yo nos hallemos cerca de las personas que la sufren, el día en que el terror de la soledad cósmica se apodere de ellos.

Cómo ve Dios a las personas

Ahora permíteme hablarte de otro hombre. Un hombre por el cual he orado durante veinte años. Él hace que John Heisman parezca un tontorrón. Este hombre es la persona más tozuda y orgullosa que conozco. Pero, ante mi sorpresa, todos y cada uno de los aspectos de su vida le funcionan. Estoy seguro de que conoces personas como este hombre y tal vez te hayas rendido pensando que son "insalvables". Pero no podemos sucumbir y limitarnos a ver a las personas como son; tenemos que verlas como Dios las ve.

Podemos ver alguna idea de la actitud de Dios en Mateo 9:36. Los versículos anteriores nos explican que Jesús había estado entre la multitud relacionándose con las personas. Estaba enseñando, predicando y sanando. Puesto que todos somos pecadores, entenderíamos con facilidad que el versículo 36 dijera: "Cuando vio las multitudes, sintió náuseas por la depravación de ellos". En cambio, dice: "Y al ver las multitudes, *tuvo compasión de ellas; porque estaban desamparadas y dispersas como ovejas que no tienen pastor*" (cursivas añadidas). Esta es la actitud de Cristo, y es así exactamente como Él quiere que también nosotros veamos a las personas.

Si vemos a los hombres de cualquier manera que no sea como los ve Dios, podemos perdernos la posibilidad de ayudarlos. La Biblia dice: "Dios nuestro Salvador... quiere que todos los hombres sean salvos y vengan al conocimiento de la verdad" (1 Ti. 2:3-4). La salvación se presenta como una invitación universal. Esto no significa que todos la aceptarán. Pero sí significa que el profundo deseo de Dios para cada persona es que se salve. El discípulo Pedro lo expresa de la siguiente manera: "[Dios] es paciente para con nosotros, no queriendo que ninguno perezca, sino que todos procedan al arrepentimiento" (2 P. 3:9). El Señor mismo dice: "Porque no quiero la muerte del que muere" (Ez. 18:32). Si Dios ve así a las personas, ¿por qué deberíamos nosotros verlas de forma diferente?

¿Qué es la evangelización?

Aquí tenemos una sencilla definición de evangelización: la evangelización es llevar a alguien hasta el punto en que él o ella quiera ir con Jesús. La evangelización no es:

- Engañar, aterrorizar ni avergonzar a alguien para que reciba a Cristo.
- Una simple estrategia, o un método o un programa (aunque puedan ser buenos).
- Un concurso en el que usted gana si alguien se convierte al cristianismo o pierde si no lo hace.
- Positiva, solo si se "cierra el contrato".

A la luz de la definición propuesta, la evangelización:

- Se centra en la persona de Jesús y su ofrecimiento de salvación.
- No ejerce una presión fuerte, porque solo se necesita llevar a la persona hasta donde quiera llegar.

- A veces produce una cosecha, pero más a menudo siembra semillas.
- No es algo que tenga que producir resultados inmediatos.

Cuando presentamos el evangelio, tenemos que entender que los tiempos de Dios son misteriosos y no los podemos manipular. Además tenemos que darnos cuenta de que Dios tiene mucho más interés en la salvación de las personas de lo que jamás podremos tener nosotros, por eso podemos relajarnos.

En esta era de la información, todo el mundo sabe algo del cristianismo, normalmente por medio de caricaturas ridículas. Pero, en la mayoría de casos, las personas que rechazan el cristianismo no lo han entendido bien nunca. La evangelización es el proceso por el cual ayudamos a las personas incrédulas a ver a Dios como es y a responder a Él por la aceptación de su ofrecimiento de salvación a través de la muerte en sacrificio de su Hijo, por medio de la obra del Espíritu Santo. La evangelización es eliminar los malentendidos de las personas para que, si realmente rechazan el cristianismo, por lo menos rechacen lo que en verdad es.

¿Cuándo se abren los hombres a la evangelización?

¿Cómo se abren al evangelio de Jesucristo estos hombres confundidos, solitarios, acosados e indefensos? Creo que sucede cuando, al reconocer la inutilidad de la vida, intentan superar su soledad cósmica. Esto puede suceder de varias maneras.

1. *El hombre puede sentirse abrumado por la eternidad.* En algún momento de su vida, todo hombre mira a las innumerables estrellas en el cielo y pregunta: "¿Dónde está el borde de la eternidad? ¿Dónde empieza lo infinito? ¿Acaba

donde empieza o todo lo contrario?". Todos pasamos por experiencias que nos abruman al contemplar nuestra posición en el universo. Y no podemos evitar experimentar esta soledad cósmica cuando consideramos la inmensidad de la eternidad sin un Dios personal.

2. *El hombre se puede conmover ante la brevedad de la vida*. Normalmente sucede de improviso, cuando vemos la muerte de un niño por enfermedad o por heridas mortales. O cuando conocemos a un hombre de mediana edad cuyos pulmones no funcionan correctamente y tiene que vivir con unas limitaciones imprevistas. En estas circunstancias, nos encontramos cara a cara con la mortalidad. Reconocemos que toda nuestra existencia, con todos sus problemas, y relaciones, y desengaños, y fracasos y éxitos, cabe en un pellizco de eternidad. Un breve interludio… y desaparece. Este proceso puede hacer que el hombre se enfrente a la soledad cósmica.

3. *El hombre se puede sentir abrumado por un sentimiento de culpa moral*. Todos hacemos cosas malas, pecaminosas. Incluso el peor de los pecadores, por la gracia de Dios, por medio del Espíritu Santo, puede experimentar un sentimiento de dolor piadoso por actitudes y acciones que han desagradado a Dios. Este sentimiento de culpa puede conllevar arrepentimiento a medida que el hombre se enfrenta con el sentimiento de soledad cósmica que lo acompaña, preguntándose: "¿Qué puedo hacer con este sentimiento de culpa? ¿Cómo puedo liberarme de este peso? ¿Cómo me cuido de esto?".

4. *El hombre puede tener miedo de la muerte*. Puede recibir un diagnóstico negativo inesperado de su médico. Puede estar conduciendo y casi tener un accidente grave. Puede emprender un trabajo nuevo que implica cierto riesgo. ¿Qué hombre, al contemplar su propia muerte, elegiría

voluntariamente cruzar solo el precipicio desde esta vida a la siguiente sin sentir el peso de la soledad cósmica?

5. *El hombre puede desear trascendencia*. Todos los hombres desean experimentar la realidad final; algo que va más allá de la existencia tangible de esta vida. Si no consideramos a Cristo como la fuente de todo lo que vemos, intentamos llenar ese vacío de muchas maneras diferentes. Algunos hombres van a los bares, algunos persiguen a las mujeres, algunos intentan acumular logros, otros acumulan dinero. Ninguna de estas aspiraciones llenará el vacío creado por la soledad cósmica. La única solución real es una relación con Dios. La aplicación de sustitutos siempre acabará, por la gracia de Dios, en futilidad.

Tanto tú como yo hemos sido llamados a llevar el mensaje de amor y redención de Dios a estos hombres, ya sea como un don o bien por medio de una disciplina espiritual. Hay 113 millones de hombres en los Estados Unidos de más de quince años, y de ellos, 69 millones no profesan haber nacido de nuevo.

Muchos de estos hombres —del vecindario, del trabajo, del gimnasio— algún día se sentirán abrumados por la eternidad, se conmoverán por la brevedad de la vida, se sentirán agobiados por el sentimiento de culpa, tendrán miedo de la muerte o desearán trascendencia. En ese momento, cuando el hombre se da cuenta de que no está solo únicamente en el mundo, sino en todas partes, y busque algo fuera, si hemos sido fieles a la disciplina de la evangelización, sabrá a quién acudir, y nosotros estaremos allí para él. Nos preparamos para ese día entablando relación con los hombres y viéndolos tal como Dios los ve; acosados e indefensos, como ovejas sin pastor.

Vivir la disciplina de la evangelización

Volvamos al pasaje de Mateo 9. Después de reflexionar sobre el estado espiritual de las personas, Jesús dijo a sus discípulos: "A la verdad la mies es mucha, mas los obreros pocos. Rogad, pues, al Señor de la mies, que envíe obreros a su mies" (vv. 37-38).

No hay pocos creyentes, hay pocos obreros. Como indiqué más arriba, en los Estados Unidos, hay 113 millones de hombres. Más de la mitad son zombis espirituales. Uno de cada dos de los hombres con los que hablas hoy está muerto espiritualmente, y muchos se abrirían al evangelio si alguien tuviera la disciplina de decírselo. Van dando vueltas haciendo ver que lo tienen todo controlado o haciendo ver que nada les preocupa en absoluto. En cualquier caso, solo es una apariencia.

¿Por qué la mayoría de los cristianos no responden a estos hombres necesitados? Porque una vez que vemos a los hombres como los ve Dios, todavía tenemos que encontrar una fuente de motivación para alimentar nuestra disciplina. Simplemente, tenemos que fijarnos en nuestro hermano en la batalla, el apóstol Pablo. "Pero cuantas cosas eran para mí ganancia, las he estimado como pérdida por amor de Cristo. Y ciertamente, aun estimo todas las cosas como pérdida por la excelencia del conocimiento de Cristo Jesús, mi Señor, por amor del cual lo he perdido todo, y lo tengo por basura, para ganar a Cristo" (Fil. 3:7-8).

En Romanos 1:16, el mismo hombre escribió: "Porque no me avergüenzo del evangelio, porque es poder de Dios para salvación a todo aquel que cree". En 1 Corintios 2:2 explica: "Pues me propuse no saber entre vosotros cosa alguna sino a Jesucristo, y a éste crucificado". Y en 1 Corintios 9:16, Pablo observa: "Pues si anuncio el evangelio, no tengo por qué gloriarme; porque me es impuesta necesidad; y ¡ay de mí si no anunciare el evangelio!".

¿Qué empujaba a Pablo a tener este gran compromiso con la evangelización? ¿Qué creencias apoyaban estas afirmaciones? Si pudiéramos creer lo que Pablo creía, y ver lo que Dios ve, la evangelización lo sería todo para nosotros, ¡y todo sería evangelización! Consideremos, pues, lo que Pablo sabía.

- *Entendía la inmensidad de la eternidad.* Pablo creía en un cielo real, en un infierno real y en una salvación real.
- *Entendía que todos los hombres necesitan un Salvador.* Esta es la enseñanza fundamental del cristianismo. Todos somos personas pecadoras que necesitan un Salvador.
- *Entendía que Jesús era el único Salvador.* En Juan 14:6, Jesús dijo a sus discípulos: "Yo soy el camino, y la verdad, y la vida; nadie viene al Padre, sino por mí". Él es el camino exclusivo. Pablo lo sabía y creía que la salvación no es el resultado de la buena conducta personal, sino del arrepentimiento y la fe en Jesús.

Por eso, Pablo estaba tan entregado a la evangelización. Creía que el mayor privilegio de la vida es ser elegido por Dios para recibir la salvación. Y el segundo gran privilegio es ayudar a alguien para que experimente esta misma salvación.

Cómo llevar un hombre a Cristo

Hoy, millones de hombres se despiertan en América dispuestos a escuchar una explicación creíble de cómo la fe cristiana podría cambiar sus vidas sin sentido. La mayoría irán a dormir esta noche sin recibirla. A continuación tienes cinco pasos que puedes dar para adquirir la disciplina de ser un ganador de almas:

- *Paso uno: Ora por los hombres.* Pide a Dios que ponga hombres "preparados" en tu corazón.
- *Paso dos: Visítalos.* Desayuna, come o toma un café con los hombres que Dios ponga en tu corazón.
- *Paso tres: Escucha.* Pregúntales dónde se hallan en su peregrinaje espiritual. De los miles de hombres a los que he preguntado esto durante más de treinta años, solo uno no quiso hablar del tema.
- *Paso cuatro: Cuenta tu testimonio.* En la sección siguiente, encontrarás ideas para preparar un testimonio fácil de explicar.
- *Paso cinco*: *Explica cómo recibir a Cristo.* Si no tienes clara la situación espiritual de una persona, pregunta: "(Nombre), ¿alguna vez en tu vida has puesto personalmente tu fe en Cristo para que perdone tus pecados y recibas el don de la vida eterna?".

Hay dos pasos que precisan más explicación. En primer lugar, tienes que ser capaz de darle *testimonio de cómo te convertiste a Cristo.* En segundo lugar, deberías ser capaz de mostrarle *el plan de Dios para salvación que se halla en la Biblia.*

Cómo dar tu testimonio

El ejemplo de tu vida cambiada —a menudo— funcionará mucho mejor que cualquier otra cosa para "atraer" a un hombre a Jesús. Mi profesor de apologética en el seminario decía: "A pesar de todos los argumentos intelectuales a favor de la existencia de Dios, el argumento más poderoso de todos es una vida cambiada". Pero los hombres no tienen suficiente con *ver* que tú has cambiado, tienen que saber por qué. Para ello, tendrás que *hablar.*

Una vez que hayas escuchado a un hombre y sientas que sabe que estás de su parte, dale tu testimonio. Tu propia historia es cien veces más poderosa que la explicación de toda la "teología" del cristianismo. Prepárate para hacerlo en diez minutos como mucho, pero también en tres minutos si disponen de poco tiempo. Cuéntale tres cosas dedicando el mismo tiempo a cada una de ellas:

- *Antes*: ¿Cómo era tu vida antes de aceptar a Jesús? Vacía, confusa, solitaria, desilusionada, fútil, sin sentido, sin un propósito ni significado, con éxito, pero sin felicidad. En lo posible, relaciona tu historia con lo que sepas del otro hombre.
- *Cómo*: ¿Cómo llegaste a profesar tu fe en Jesús? ¿Dónde? ¿Quién te indicó el camino? ¿Por qué respondiste? No olvides mencionar la convicción de tus pecados, el hambre de la verdad, entender quién es Cristo, arrepentimiento y fe en Jesús.
- *Después*: ¿Qué ha hecho Cristo en tu vida desde entonces? Elige aspectos que han cambiado relacionados con los problemas del otro hombre.

Un reto: si quieres tomar en serio hablar de Cristo a los hombres (o si ya lo estás haciendo), no lo hagas de forma improvisada. Tómate un par de horas y escribe, practica y memoriza un testimonio de tres minutos. Usa palabras que brillen y emocionen. Mark Twain dijo: "La palabra adecuada es un agente poderoso". Y sabes muy bien lo que pasaría si Michael Jordan no entrenara.

Luego explica cómo recibir a Cristo

Si todavía no lo tienes claro, pregunta: "(Nombre), ¿alguna vez en tu vida has puesto personalmente tu fe en Cristo para que perdone tus pecados y recibas el don de la vida eterna?".

Si la persona responde que sí, pídele que lo describa. Si puede dar un testimonio claro, confírmalo. Si no, sigue como si hubiera respondido que no.

Si dice que no, di: "¿Te puedo explicar en pocos minutos qué creen los cristianos sobre Jesús, por qué vino y qué significa creer en Él?".

A continuación, léele un folleto del evangelio. Yo simplemente les leo el folleto de *Las cuatro leyes espirituales* publicado por Cruzada Estudiantil y Profesional para Cristo. (Lo encontrarás en librerías cristianas. También hay muchas denominaciones y otros muchos ministerios que proporcionan folletos). Personalmente, tan solo se lo leo sin adornos ni comentarios. De hecho, puesto que lo he leído literalmente muchas veces, en algunas ocasiones mi mente empieza a pensar sobre lo que tengo que hacer durante el día. Y no hay ninguna diferencia. De hecho, de algún modo es una prueba de que Dios está salvando a pesar de mi capacidad de persuasión inyectada en la ecuación de intentar llevar a este hombre a Cristo. Se trata simplemente de permitir que el evangelio sea el evangelio.

Si prefieres no usar un folleto, puedes buscar los siguientes versículos y leerlos juntos. Asegúrate de que él lea las palabras, ya sea en silencio o bien en voz alta. *Idea*: señala las páginas de la Biblia que quieras consultar con señaladores o con trozos de papel. Numéralos 1, 2, 3, etcétera.

1. ¿Quién es Jesús?

- *Es el Salvador.* "Le dijo la mujer: Sé que ha de venir el Mesías, llamado el Cristo; cuando él venga nos declarará todas las cosas. Jesús le dijo: Yo soy, el que habla contigo" (Jn. 4:25-26).

- *Es Dios.* "El Hijo es el resplandor de la gloria de Dios, la fiel imagen de lo que él es" (He. 1:3, NVI); "Él es la imagen del Dios invisible" (Col. 1:15); "en él habita corporalmente toda la plenitud de la Deidad" (Col. 2:9). Jesús dijo: "El que me ha visto a mí, ha visto al Padre" y "Yo y el Padre uno somos" (Jn. 14:9; 10:30).

- *Es el único camino al Padre.* Jesús dijo: "Yo soy el camino, y la verdad, y la vida; nadie viene al Padre, sino por mí" (Jn. 14:6).

2. ¿Para qué vino Jesús?

- *Para buscar a los perdidos.* Jesús dijo: "Porque el Hijo del Hombre vino a buscar y a salvar lo que se había perdido" (Lc. 19:10).

- *Para salvar a los pecadores.* "Palabra fiel y digna de ser recibida por todos: que Cristo Jesús vino al mundo para salvar a los pecadores" (1 Ti. 1:15).

- *Para demostrar el amor de Dios.* "Porque Cristo, cuando aún éramos débiles, a su tiempo murió por los impíos. Ciertamente, apenas morirá alguno por un justo; con todo, pudiera ser que alguno osara morir por el bueno. Mas Dios muestra su amor para con nosotros, en que siendo aún pecadores, Cristo murió por nosotros" (Ro. 5:6-8).

- *Para expiar nuestros pecados.* "En esto se mostró el amor de Dios para con nosotros, en que Dios envió a su Hijo unigénito al mundo, para que vivamos por él. En esto consiste el amor: no en que nosotros hayamos amado a Dios, sino en que él nos amó a nosotros, y envió a su Hijo en propiciación por nuestros pecados" (1 Jn. 4:9-10).

- *Para ser la fuente de la salvación eterna.* "Y aunque era Hijo, por lo que padeció aprendió la obediencia; y habiendo sido perfeccionado, vino a ser autor de eterna salvación para todos los que le obedecen" (He. 5:8-9).

3. ¿Qué hace Jesús para los que lo reciben como Salvador?

- *Les da vida eterna.* "Porque de tal manera amó Dios al mundo, que ha dado a su Hijo unigénito, para que todo aquel que en él cree, no se pierda, mas tenga vida eterna", dijo Jesús a Nicodemo, un líder religioso (Jn. 3:16). Más tarde a Marta, cuyo hermano Lázaro había muerto, le dijo: "Yo soy la resurrección y la vida; el que cree en mí, aunque esté muerto, vivirá" (Jn. 11:25). Romanos 6:23 dice: "Porque la paga del pecado es muerte, mas la dádiva de Dios es vida eterna en Cristo Jesús Señor nuestro".

- *Les perdona los pecados.* "Si decimos que no tenemos pecado, nos engañamos a nosotros mismos, y la verdad no está en nosotros. Si confesamos nuestros pecados, él es fiel y justo para perdonar nuestros pecados, y limpiarnos de toda maldad" (1 Jn. 1:8-9).

- *Les concede el nombre y los privilegios de los "hijos de Dios".* "Mas a todos los que le recibieron, a los que creen en su nombre, les dio potestad de ser hechos hijos de Dios" (Jn. 1:12).

4. ¿Cómo puedes ser un seguidor de Jesús?

- *Somos cristianos por medio del arrepentimiento y la fe.* "Porque por gracia sois salvos por medio de la fe; y esto no de vosotros, pues es don de Dios; no por obras, para que nadie se gloríe" (Ef. 2:8-9).

Explícale a tu hombre que nada de lo que hagamos nos podrá hacer suficientemente buenos para que Dios nos ame. En cambio, nos ama porque Él nos hizo, y Jesús murió por nuestros pecados. Nos convertimos al cristianismo confesando que somos pecadores y poniendo nuestra fe en Jesús, que nos perdonará nuestros pecados y, por la gracia, nos dará el don de la vida eterna. La oración es la manera en que hablamos con Dios. A continuación sugerimos una oración:

"Señor Jesús, te necesito en mi vida. Confieso que soy pecador y que necesito un Salvador. Gracias por morir por mis pecados. Gracias por ofrecerme el don de la vida eterna. Por la fe, ahora confío en que Tú perdonas mis pecados y me das el don de la salvación eterna. Te pido que me cambies y hagas de mí el hombre que Tú quieres que yo sea. Amén".

Después de leer la oración en voz alta, pregúntale si esta oración expresa el deseo de su corazón. Si dice que sí, pídele que la repita en voz alta contigo, frase por frase. Felicítalo. Ofrécele tu ayuda para crecer. Invítalo a la iglesia. Anímalo para que lo explique a sus seres queridos. Pregúntale si desea explicarlo de inmediato delante de otras personas. Consigue que sea un acontecimiento de celebración, en la tierra y en el cielo.

Dejar que el evangelio se transmita

Cuando no intentamos "ayudar" a Dios a salvar a un hombre, dejamos que el evangelio se transmita. Oswald Chambers lo dijo bien: "La creencia en Jesús es un milagro producido solo por la eficacia de la redención, no por el lenguaje impresionante, no mediante agasajos y modales cautivadores, sino simplemente por medio del poder de Dios, sin ayuda". No es necesario que seas bueno; solo tienes que estar disponible. Simplemente, lee el folleto y los versículos. No te pongas en medio del camino. El Espíritu Santo hará el trabajo necesario. Deja que los hombres se maravillen ante el evangelio de Jesús, no ante ti.

Es posible que salir a predicar produzca muchos nervios, pero hay mucha soledad cósmica. Las personas realmente quieren hablar sobre este tema. Y recuerda, no tienes que producir resultados concretos. Mi consejo es que simplemente ayudes a los hombres a acercarse a Cristo hasta el punto que estén dispuestos a hacerlo aquel día. Podría ser que hagan todo el camino o podría ser que solo necesiten a alguien que entienda su grave situación. En esto consiste la disciplina de la evangelización: ayudar a las personas para que se acerquen a Jesús hasta donde ellos estén dispuestos a acercarse.

Padre celestial, te suplico que grabes con fuego este recordatorio en nuestro corazón. Si alguno de nosotros tiene alguna actitud equivocada para con las personas, si no vemos a las personas como Tú las ves, danos ojos nuevos. Te suplico también que nos des fe para creer en las Escrituras. Ayúdanos a creer lo que Pablo creía, que estemos motivados para salir de la apatía y el temor, o de cualquier cosa que nos estorbe. A todos los hombres perdidos de nuestras vidas, consúmelos con un sentimiento de soledad cósmica, de modo que acudan a ti en busca de salvación. Ayúdanos a crear una disciplina espiritual allí donde nos falta un interés natural. Lo pedimos en el nombre de Jesús. Amén.

Ideas principales

- Si vemos a los hombres de alguna manera diferente de como los ve Dios, podemos perder la ocasión de ayudarlos.
- La evangelización es acercar a alguien a Jesús hasta el punto que quiera llegar.
- El mejor método para evangelizar será el que tú utilices.
- La evangelización es el proceso a través del cual ayudamos cada vez más a hombres incrédulos y a mujeres incrédulas a ver a Dios como Él es y a responderle aceptando su ofrecimiento de salvación por medio de la muerte en sacrificio de su Hijo, por la obra del Espíritu Santo.
- La obra de evangelización consiste en eliminar la confusión de las personas para que, si rechazan el cristianismo, por lo menos rechacen lo que este es realmente.
- En primer lugar, deberías dar tu testimonio, cómo te convertiste al cristianismo.
- En segundo lugar, deberías ser capaz de mostrar el plan de Dios de salvación escrito en la Biblia.

Preguntas para el debate

1. ¿Cuándo se abren los hombres a Cristo? ¿Qué sensibilidad tienes para detectar a los hombres abiertos?

2. ¿Cómo ve Dios a los hombres según Mateo 9:36; 1 Timoteo 2:4; 2 Pedro 3:9; y Ezequiel 18:23, 32? ¿Cómo tienes que ajustar tu manera de pensar?

3. ¿Hasta qué punto refleja tu vida lo que Pablo expresó en Filipenses 3:7-11?

4. A la luz de las Escrituras citadas en este capítulo, si queremos que explicar nuestra fe sea una disciplina y una prioridad, ¿qué tenemos que creer

- ...sobre la eternidad?
- ...sobre la necesidad de un Salvador?
- ...sobre Jesús como el único camino de salvación?
- ...sobre el arrepentimiento?
- ...sobre la fe?

EPÍLOGO

Nuestro tiempo juntos ha terminado, al menos por ahora. Pero antes de seguir adelante, quiero repetir una vez más que el objetivo de este libro no ha sido enseñarte a mejorar. Esto no es el evangelio. El evangelio de Jesucristo consiste en llamarnos al arrepentimiento y a la fe diarios, no a mejorar nuestro rendimiento con un mayor esfuerzo. Así aplicamos las disciplinas espirituales como una respuesta agradecida a la gracia de Dios, como una manera de cultivar un caminar más profundo con Cristo. No realizamos disciplinas espirituales para impresionar a Dios.

A continuación tenemos una lista de las doce disciplinas que hemos examinado juntos. He dejado espacio para que puedas anotar una buena idea o acción que tenga un gran significado para ti en cada disciplina. Luego te animo a tomar esa acción o a aplicar esa idea a tu vida.

- **El hombre y la creación**
- **El hombre y la Biblia**
- **El hombre y la oración**
- **El hombre y la adoración**

- **El hombre y el día de reposo** ____________________

  ____

- **El hombre y la comunión** ____________________

  ____

- **El hombre y el consejo** ____________________

  ____

- **El hombre y el ayuno** ____________________

  ____

- **El hombre y la guerra espiritual** ____________________

  ____

- **El hombre y la mayordomía** ____________________

  ____

- **El hombre y el servicio** ____________________

  ____

- **El hombre y la evangelización** ____________________

  ____

Que Dios te honre como tú le honras con estas disciplinas. Pido al Señor que te conceda los deseos de tu corazón.

RECURSOS ADICIONALES

Libros

¡Basta ya de excusas!: Sea el hombre que Dios quiere que sea, de Tony Evans (Portavoz, 2013).

Celebración de la disciplina, de Richard Foster (Peniel, 2009).

Las disciplinas de un hombre piadoso, de R. Kent Hughes (Patmos, 2005).

Discipulado espiritual, de J. Oswald Sanders (Portavoz, 2007).

Escuela de la oración, de Andrew Murray (Peniel, 2007).

El Espíritu de las disciplinas, de Dallas Willard (Vida, 2010).

Un hombre conforme al corazón de Dios, de Jim George (Portavoz, 2008).

Lo Santo, de Rudolph Otto (Alianza, 2005).

Madurez espiritual, de J. Oswald Sanders (Portavoz, 2007).

Mentiras que los hombres creen y la verdad que los hace libros, de Robert Wolgemuth (Portavoz, 2019).

El problema del dolor, de C. S. Lewis (Rayo/HarperCollins, 2006).

Sé hombre: El modelo que Dios diseñó, de Mark Batterson (Nivel Uno, 2017).

NOTAS

Introducción

1. Patrick Morley, David Delk y Brett Clemmer, *No Man Left Behind* (Chicago: Moody, 2006), p. 33.

Capítulo 1: El hombre y la creación

1. C. S. Lewis, *The Problem of Pain* (Nueva York: Collier, 1962), pp. 13-15. Publicado en español por editorial Rayo/HarperCollins con el título *El problema del dolor*.

2. Francis A. Schaeffer, *Escape from Reason* (Downers Grove, Il.: InterVarsity, 1968), p. 14. Publicado en español por Editorial Clie con el título *Huyendo de la razón*.

3. Rudolph Otto, *The Idea of the Holy* (Londres: Oxford Univ. Press, 1923), pp. 12-13.

Capítulo 2: El hombre y la Biblia

1. Peter Cousins, "The Bible Is Different", *Eerdman's Handbook to the Bible*, ed. David Alexander y Pat Alexander (Grand Rapids: Eerdmans: 1973), p. 33.

2. Josh McDowell, *The New Evidence that Demands a Verdict* (Nashville: Nelson, 1999), pp. 34-38. Publicado en español por Mundo Hispano/Casa Bautista de Publicaciones con el título *Nueva evidencia que demanda un veredicto*.

Capítulo 3: El hombre y la oración

1. C. S. Lewis, *God in the Dock* (Grand Rapids: Eerdmans, 1970), pp. 106-107. Publicado en español por Andress Bello con el título *Dios en el banquillo*.
2. *Ibíd.*, p. 107.
3. Ver Patrick Morley, *El hombre frente al espejo* (Florida: Vida, 2002), cap. 8.
4. John Rossomando, "Born-Again Christians No More Immune to Divorce Than Others, Says Author" CNS News, en línea http://www.cnsnews.com/ViewCulture.asp?/Page-/culture/archive/200201/CUL20020121b.html.

Capítulo 4: El hombre y la adoración

1. J. I. Packer, *A Quest for Godliness* (Wheaton, Il.: Crossway, 1990), p. 249.
2. *Ibíd.*
3. Douglas Coupland, *Life After God* (Nueva York: Pocket, 1994), p. 359. Publicado en español por Ediciones B con el título *La vida después de Dios*.
4. C. S. Lewis, *The Weight of Glory*, "Introduction by Walter Hooper" (Nueva York: Simon & Schuster, 1949), pp. 15-16. Publicado en español por HarperCollins Español con el título *El peso de la gloria*.
5. *Ibíd.*, p. 16.
6. Richard Baxter, *The Reformed Pastor* (1656; reimpr., Edimburgo: The Banner of Truth Trust, 1989), p. 101. Publicado en español por Banner of Truth Trust con el título *El pastor renovado*.

Capítulo 6: El hombre y la comunión

1. Robert Coleman, *The Master Plan of Evangelism* (1963; reimpr. Ventura, Calif.: Regal, 1998), p. 98. Publicado en español por Casa Bautista de Publicaciones con el título *Plan supremo de evangelización.*

Capítulo 11: El hombre y el servicio

1. Richard J. Foster, *Celebration of Discipline* (Nueva York: Harper & Row, 1988), pp. 126-127. Publicado en español por Peniel con el título *Celebración de la disciplina.*

2. Donald Whitney, *Spiritual Disciplines for the Christian Life* (Colorado Springs: NavPress, 1991), p. 110.

ASÍ
PREPARA
DIOS
A LOS
HOMBRES
DIEZ HISTORIAS ÉPICAS.
DIEZ PRINCIPIOS.
UNA GRAN PROMESA PARA TU VIDA.
PATRICK
MORLEY

EDITORIAL
PORTAVOZ

NUESTRA VISIÓN

Maximizar el efecto de recursos cristianos de calidad que transforman vidas.

NUESTRA MISIÓN

Desarrollar y distribuir productos de calidad —con integridad y excelencia—, desde una perspectiva bíblica y confiable, que animen a las personas a conocer y servir a Jesucristo.

NUESTROS VALORES

Nuestros valores se encuentran fundamentados en la Biblia, fuente de toda verdad para hoy y para siempre. Nosotros ponemos en práctica estas verdades bíblicas como fundamento para las decisiones, normas y productos de nuestra compañía.

Valoramos la excelencia y la calidad.
Valoramos la integridad y la confianza.
Valoramos el mérito y la dignidad de los individuos y las relaciones.
Valoramos el servicio.
Valoramos la administración de los recursos.